NOUVEL EXAMEN DU RAPPORT DE M. BARNAVE SUR L'AFFAIRE DE SAINT-DOMINGUE,

D'après celui qu'il a fait imprimer.

A PARIS,
De l'Imprimerie de la rue d'Argenteuil.

NOUVEL EXAMEN
DU RAPPORT
DE M. BARNAVE
SUR L'AFFAIRE
DE SAINT-DOMINGUE,

D'après celui qu'il a fait imprimer.

Les 11 et 12 octobre derniers, M. Barnave fit à l'assemblée nationale le rapport de l'affaire de Saint-Domingue. L'assemblée en ordonna l'impression.

Ce rapport n'est publié que le 21 décembre; et cette publication, remettant sous les yeux du public les idées de scission, d'indépendance, de souveraineté dont on a si calomnieusement accusé les représentans du peuple François de Saint-Domingue, détourne son attention d'une vérité qu'il importe tant aux Colons de faire connoître, c'est-à-dire que les nouvelles que l'on reçoit officiellement tous les jours de ces contrées confirment que le parti inconstitutionnel du gouverneur et de ses instigateurs se réduit absolument aux cinq ou six paroisses dont les envoyés ont profané l'auguste tribunal de la nation, par l'imposture et la calomnie.

C'est ainsi que le discours prononcé à l'assemblée nationale par les envoyés du sieur Peinier et de la corporation des volontaires *au pompon blanc*, que ce discours insidieux et perfide, fait pour surprendre la religion des régénérateurs de l'Empire, n'a été rendu public que le 12 octobre, jour mémorable et fatal à Saint-Domingue, où, sur le rapport de M. Barnave, l'assemblée nationale mal instruite, détruisant tout ce qui y avoit été fait, pour coopérer à la régénération, a décrété, sans qu'il ait été permis de discuter, *que les anciennes loix y seroient exécutées.* Cependant les représentans de cette colonie avoient traversé quinze cens lieues de mer pour apporter leurs réclamations sur les motifs qui ont déterminé ce décret.

Ces victimes de la calomnie et de la précipitation ne connoissent point de bornes à leur patriotisme : à leur arrivée, croyant que la prudence leur faisoit un devoir de se circonscrire dans de certaines considérations, ils ont modéré les élans de leur zèle; mais cette circonspèction à laquelle on doit rendre hommage doit avoir un terme, lorsqu'il est question de publier la vérité. Nous la devons à nos constituans, nous la devons à la France entière; nous la devons à toute l'Europe; nous la devons à nous-mêmes, il n'est pas possible que nous restions plus longtems dans l'humiliation.

Le sentiment de ma foiblesse ne m'empêchera pas de descendre dans l'arène; et c'est vous M. Barnave que j'ose y appeler. Je connois votre patriotisme, j'admire l'élévation où vous a porté la faveur populaire; et quelles armes pourrai-je opposer à vos talens? mais je suis homme, je suis libre, je suis citoyen François, voilà mes titres. Et contre votre éloquence mes armes seront l'expérience et la vérité.

La postérité, qui déchire le voile des prestiges du moment, nous jugera tous et nous mettra chacun à notre place; et vous avez à craindre que, fixant l'opinion sur l'affaire des Colonies, elle ne retrace sans ménagement l'ombre qu'il semble que vous jetiez vous-même sur vos vertus civiques et sur l'utilité dont elles sont à la patrie.

Réduisant à une très-brève récapitulation ce qui résulte de votre rapport, on y remarquera,

1°. Que vous n'étiez pas suffisamment informé

de cequi s'est passé à Saint-Domingue ; que vous aviez besoin d'être éclairé sur les faits, comme sur les motifs.

2°. Que non-seulement vous avez posé les bases de votre accusation et de votre dénonciation, sur les détails fournis par les oppresseurs contre les opprimés, mais encore que vous avez établi votre jugement sur les mêmes titres ; sur les accusations intentées par les dépositaires du pouvoir minissériel, contre les représentans du peuple.

3°. Qu'après avoir été notre dénonciateur et notre accusateur, vous avez aussi été notre juge.

4°. Que vous avez refusé les lumières que devoient nécessairement vous donner les représentans d'une portion du peuple François, réunis par l'autorité de la nation souveraine et qui n'avoient traversé les mers que pour vous en apporter.

5°. Que vous avez supprimé la lecture et l'impression des pièces essentielles, qui auroient éclairé l'assemblée nationale sur les principes de l'assemblée générale et sur les motifs et les circonstances qui ont déterminé ses actes.

6°. Qu'aucunes considérations, et même celles que peut comporter la discussion sur l'état des personnes à Saint-Domingue, ne devoient vous empêcher de solliciter cette discussion et même la plus étendue sur le décret du 12 octobre.

7°. Qu'il est résulté de ce défaut de discussion que l'assemblée nationale, ne s'étant pas remis sous les yeux son décret du 8 mars et ses instructions du 28 du même mois, se confiant absolument en vous, a rendu un décret qui les contredit et en exige néammoins l'exécution formelle.

8°. Que vous avez induit l'assemblée nationale en erreur.

9°. que ce décret que vous avez rédigé porte atteinte aux principes de la constitution.

10°. Que ce décret porte atteinté à la liberté individuelle de citoyens François.

11°. Qu'il porte atteinte à nos propriétés.

12°. Enfin que vous ne connoissez point Saint-Domingue, ses localités, son administration, ses rapports commerciaux intérieurs et ceux avec la mère patrie, par conséquent les loix qui doivent être appropriées à Saint-Domingue., et que s'il étoit possible de vous recuser, nous vous recuserions.

M. Barnave n'étoit pas suffisamment informé de ce qui s'est passé à Saint-Domingue, et avoit besoin d'être éclairé sur les faits comme sur les motifs.

Si vous manquiez de connoissances locales pour développer au tribunal de la nation régénérée les oppressions sous lesquelles vous convenez que nous gémissions depuis si long-tems, que ne consultiez-vous votre collègue M. Reynaud ? Mais que vous eût-il dit en faveur de cette isle infortunée ? il a été gouverneur de Saint-Domingue ! Seroit-il convenu de toutes ces vexations ministérielles, dont il a été lui-même l'instrument dans tous les grades qui, après tant d'années, l'ont conduit au gouvernement de cette colonie ? Se souvient-il que lorsqu'un gouverneur mal environné, mal conseillé fit enlever les officiers du conseil du Port-au-Prince de dessus leurs sièges pour les mettre dans les fers, et les envoyer à la Bastille ; il commandoit le détachement qui exécuta cet acte extraordinaire de tyrannie, et que d'une voix de *stentor* il crioit aux soldats de tirer sur les citoyens qui se montreroient aux portes ou aux fenêtres.

Vous avez découvert dans les lettres confidencielles du Sr. Coustard, que l'intention du gouverneur étoit de supprimer les comités que vous appelez, l'on ne sait pourquoi, illégaux, institués pour le soutien de l'assemblée de Saint-Marc. Rapporteur de cette importante affaire, vous faites une erreur de ce genre; vous ignorez qu'au moment de la révolution, le peuple françois de Saint-Domingue, comme celui du continent, las de l'oppression du pouvoir arbitraire, institua des comités pour la discussion et le maintien de ses droits; et que ces comités, bien loin d'avoir été formés pour le soutien de l'assemblée générale, ont préparé eux-mêmes la formation de l'assemblée générale en délibérant son mode de convocation.

Si les paroisses de Mirebalais et de Jérémie ont présenté, dans les procès-verbaux de leurs assemblées primaires, la signatute d'un si petit nombre de citoyens, cela tient à des localités que vous ne sauriez appercevoir dans le grand éloignement où vous êtes placé. Les cabales, la crainte du tumulte, éloignent par-tout les hommes paisibles des délibérations publiques; et la police des esclaves, quand on est menacé de troubles, ne permet guère aux planteurs, classe principale des citoyens de Saint-Domingue, de s'éloigner de leurs habitations. Le Mirebalais est la paroisse de la colonie où il y a le plus d'affranchis ; leurs prétentions exagérées, mal vues, mal combinées par ceux qui les appuient, ont toujours entretenu le désordre dans ce canton.

Le quartier de Jérémie, par ses relations, par ses rapports commerciaux, est extrêmement subordonné à l'influence du Cap. Ce motif y a fait mouvoir les mêmes intrigues qu'en cette ville ; et si vous semblez étonné de ce que le procès-verbal de la délibération de ce quartier considérable ne soit signé que d'un si petit nombre, à juste titre devriez-vous vous étonner davantage de ce que ceux des premier, second et troisième district de la ville du Cap, où les communications sont si faciles, où les districts sont composés de quatre ou cinq cens citoyens actifs, ne soient signés que de quinze, vingt-neuf et trente-neuf délibérans. Sur quoi il n'a pas dû vous échapper que ces vœux ont été manifestés illégalement, et avant la notification officielle des instructions.

Vous ne savez pas que la paroisse du quartier Morin, qui est restée neutre, n'a peut-être pas un propriétaire, parce qu'ils sont tous en France, et qu'elle n'est représentée que par des porteurs de procurations, qui sont en grand nombre négocians au Cap, ou subordonnés à leur influence. Que la petite Anse est dans la même hypothèse ; que la plaine du Nord, paroisse foible et peu fertile, est dans les liens des négocians du Cap ; que le Terrier-Rouge et Jean-Rabel sont dirigées par l'ascendant d'une maison de commerce puissante, dont le fondateur, M. Foache, qui y a de grandes propriétés, a donné un témoignage de ses vues sur Saint-Domingue, en août 1775, en proposant de mettre les cafés en régie, sous une compagnie exclusive ; que la Croix-des-Bouquets, qui touche le Port-au-Prince, est et doit être soumise à l'obsession ou à la séduction du gouverneur et de ses agens ; enfin, que le Fond-des-Nègres n'a jamais été représenté à l'assemblée générale, parce qu'une famille qui domine en cette paroisse a constamment manifesté des vues qui n'étoient pas dans l'esprit de la révolution, ou qui y mettoient des obstacles (1).

---

(1) La paroisse de l'Anse-à-Veau a renvoyé ses députés à l'assemblée générale. M. Laborde, représentant de cette paroisse, est revenu la joindre à Paris, ainsi que MM. Gaudin et Chantegrist pour le Port-de-Paix, et MM. Petit et Besnard pour Léogane.

Les volontaires de Saint-Marc, dites-vous, *refusèrent sous les yeux de l'assemblée générale de prêter le serment décrété par elle, mais ils prêtèrent le serment civique et témoignèrent, par des acclamations, leur fidélité à l'assemblée nationale et au roi.*

Il eût été plus exact de dire *à la nation et au roi.* Et ce n'étoit pas ainsi qu'il falloit rendre compte de ce fait, parce que ce n'est pas ainsi qu'il s'est passé.

La France régénérée conçoit le projet sublime de se réunir sous les yeux de ses représentans et du monarque, pour jurer sur l'autel de la patrie de maintenir la constitution et pour en recevoir le serment du roi. Cette idée nous parvient dans le nouveau monde; elle nous pénètre, elle nous enflâme du plus ardent patriotisme. Nous invitons le gouverneur à la célébration de la fête civique, il s'y refuse, il fait plus, il fait imprimer et publier son refus. Avoit-il donc besoin, ce gouverneur, d'ordres de M. Laluzerne, pour prouver qu'il étoit François? effectivement, reçut-il, peu de jours après, une dépêche ministérielle, portant ces mots remarquables, *on prépare à Paris, pour le 14 juillet,* UNE ESPÈCE DE FÊTE CIVIQUE. Cependant voulant donner plus de solemnité à la confirmation de l'assemblée générale de laquelle dépendoit la régénération de Saint-Domingue, nous choisîmes ce jour si justement célèbre, ce jour qui ne s'effacera jamais des fastes de la nation, le 14 juillet enfin, pour chanter un *Te Deum* à l'occasion de ces deux évènemens importans.

Une vaste église, où nous tenions nos séances, reçoit un peuple nombreux accouru pour assister à cette fête. Sans défiance, comme sans crainte, les milices nationales furent admises, avec leurs armes et leurs drapeaux, au sein des représentans du peuple. L'allégresse étoit dans tous les cœurs, elle étoit peinte sur tous les visages. Quelques chefs seuls de la corporation des volontaites avoient l'air pâle, soucieux et triste. Le président prononce un discours auquel répondent les acclamations du peuple par les cris de vive la nation, vive le roi, et par le serment dicté par le seul enthousiasme d'être fidèle à la nation, à la loi, au roi et à la constitution de la partie françoise de Saint-Domingue. Les seuls volontaires, au milieu de ces témoignages d'allégresse, restent froids, immobiles et muets. Cependant ils s'ébranlent, quelque-uns quittent leurs rangs, ils se joignent aux bons citoyens, l'enthousiasme du patriotisme va les saisir. Mais leur capitaine, dois-je prononcer son nom ! leur capitaine, M. Reynaud-Barbarin, s'écrie : volontaires ! contentez-vous du serment à la nation, à la loi et au roi.

Voilà ce que, dans votre erreur, vous présentez comme une acte de vertu patriotique, comme un triomphe remporté par les volontaires sur les représentans du peuple.

On peut vous faire à cet égard une observation bien importante; c'est que ces mêmes volontaires, avant la réunion de l'assemblée générale, ne s'étoient formés que pour prendre les armes pour une cause dans laquelle étoient les motifs de ce serment; c'est-à-dire pour repousser l'insurrection des gens de couleur, et s'opposer à ce qu'il ne se fît aucun changement dans l'état des personnes, c'est que le même chef, M. *de Vincent*, les mêmes soldats, les mêmes troupes *se disant patriotiques*, qui s'étoient armés et s'étoient servis des affranchis, pour exiger de l'assemblée générale l'exécution formelle des décrets des 8 et 28 mars et pour l'égorger, en cas de refus, ont encore repris les armes contre ces mêmes affranchis, qui, abusant de l'ambiguité que nous avions reconnue dans ces deux décrets, en demandent à leur tour l'exécution. C'est-à-dire contre le mulâtre *Augé* et le parti qu'il s'est formé. Où est donc la conséquence dans les principes de ces volontaires? le refus de prêter ce serment n'étoit-il pas pour Saint Domingue l'acte le plus inconstitutionnel? n'y appercevez-vous pas enfin des vues particulières? n'est-il pas certain que Saint-Domingue doit avoir une constitution qui lui soit propre? n'est-ce pas là l'intention de l'assemblée nationale, *qui n'a pas entendu nous comprendre en sa constitution et nous soumettre à des loix qui pourroient être contraires à nos convenances locales et particulières?* Par qui que ce soit que cette constitution soit faite, soit par l'assemblée générale, soit par l'assemblée nationale, si ces volontaires, après la déclaration des droits de l'homme, pensoient encore qu'elle pût décréter des loix sur la servitude; n'est-ce pas cette constitution locale, que tout habitant de Saint-Domingue devoit jurer de maintenir? Prétendre que c'étoit par anticipation que l'assemblée générale leur demandoit ce serment; c'est implicitement accuser l'assemblée nationale d'erreur et de précipitation. Quelles règles, quels préceptes, quelles loix étoient établies pour la demande de ce serment? n'étoit-elle pas subordonnée aux évènemens de la révolution? Pressée par les mêmes circonstances, l'assemblée nationale a exigé le serment à la nation, à la loi et au roi, et le maintien de la constitution, avant que celle-ci fût achevée. Ce n'est point à nous à en déduire les motifs, à un des régénérateurs de l'Empire.

Mais il résulte que ce refus de la part des volontaires étoit certainement l'acte le plus inconstitutionnel, et que le prétexte de se conformer aux décrets des 8 et 28 Mars, contre l'exécution desquels ils ont depuis pris les armes, cachoit certainement aussi d'autres projets. Croyez que la présence des représentans du peuple et la majesté du lieu arrêtèrent seuls le ressentiment et l'animadversion des bons citoyens qui reconnurent alors les motifs, non des volontaires en général, mais les lâches et perfides desseins de leurs chefs et de ceux qui les faisoient agir. Aussi, peu de jours après, manquèrent-ils de succomber à la juste colère que ce procédé avoit excité dans tous les cœurs.

Vous m'obligez ici de parler de moi. C'est donc à moi à vous rendre compte d'un fait où j'ai eu quelque part. Oui, monsieur, c'est celui qui avoit l'honneur de présider l'assemblée générale, et qui avoit aussi la confiance du peuple qui, suspendant ses fonctions pour courir où le fer et le feu alloient faire couler le sang françois, eut le bonheur, en se jetant au milieu de leurs armes, d'empêcher les citoyens de sacrifier à leur ressentiment cette corporotion des volontaires, dont toutes les démarches tendoient à troubler les opérations des représentans du peuple, et qui depuis s'est armé contre nous. Reconnoissez-vous là l'esprit de l'assemblée générale? a-t-elle jamais songé à armer citoyens contre citoyens? quel moment pour sa vengeance! si elle eût voulu en user? mais non, l'assemblée de Saint-Domingue n'a jamais employé d'autres armes que la justice et la confiance. Il est bien d'autres particularités que vous auriez apprises en nous entendant. Il en est une sur-tout, c'est que la tête du colonel Mauduit a été à notre disposition, et eussions-nous pu présumer dès-lors qu'il dût être recompensé par les éloges du tribunal de la nation, provoqués par vous; pleins de confiance en la justice de l'assemblée nationale, nous reposant sur elle de notre vengeance et de la punition de cet oppresseur, nous aurions, comme nous l'avons fait, repoussé cette proposition avec horreur.

L'assemblée générale, dites-vous, justifie ses actes par les dangers auxquels *elle dit* avoir été exposée. L'assemblée générale n'a jamais parlé de ses risques individuels; elle eût été indigne du caractère dont elle étoit revêtue; elle n'a vu que ceux de ses constituans. C'est vous seul qui, par l'exposé fait dans votre rapport, nous avez contraints de dire que nous avons délibéré avec nos armes, résolus de périr pour défendre la liberté de la colonie ; et nous n'avons fait que notre devoir, soit en prenant les armes pour résister à l'oppression, tant que le risque a été pour nous seuls ; soit en les déposant pour venir porter à la nation les réclamations de la colonie en danger.

Vous nous reprochez de présenter nos adversaires et leurs députés comme des contre-révolutionnaires. C'est à vous-même qu'on en appelle et à tous les amis de la constitution.

Nos craintes à cet égard étoient fondées ; nous le croyons maintenant d'autant plus, qu'informés de ce qui se passe sur le continent, nous voyons que le foyer de toutes les entreprises des audacieux ennemis du bien public est à Turin, et le colonel Mauduit revenoit de Nice et de Turin, lorsqu'il est arrivé à Saint-Domingue ; c'est à l'époque de son arrivée qu'ont paru sur nos côtes des vaisseaux françois, sous pavillon espagnol, chargés de munitions et de poudres ; vaisseaux que l'active vigilance de nos comités ou municipalités, dissous par le décret du 12 octobre, a éloignés de nos ports *des Cayes*, *de Tiburon et du Mole*. Ceux qui connoissent les localités, considéreront l'importance de ces trois postes,

et

et pourquoi l'arrivée du colonel Mauduit, accompagné d'officiers de la garde de M. le comte d'Artois, dont l'un, M. Desbrosses, a été blessé dans la nuit du 29 au 30 juillet, a été le signal de la subversion de tout ordre à Saint-Domingue, et le terme de la bonne intelligence qui s'étoit rétablie entre le gouverneur et l'assemblée générale.

Ne comptez-vous pas au rang de ceux que nous appelons contre-révolutionnaires, et que vous présentez comme *des citoyens fidèles dont vous voulez faire connoître les principes et les sentimens*; ne comptez-vous pas *M. Trémondrie*, président si renommé de l'assemblée du Cap ?

En une conférence au comité colonial, le 21 décembre, lorsqu'on proposa de détruire à Saint-Domingue toutes les corporations, excepté les gardes nationales, n'éleva-t-il pas la voix pour dire, *et notamment les municipalités*; n'eut-il pas la hardiesse de proposer d'y substituer un lieutenant de police ? ne sont-ce pas là les principes de l'ancien régime ? et quels sont les projets des contre-révolutionnaires, si ce n'est de rétablir l'ancien régime ? ce ne sont donc pas les municipalités organisées par l'assemblée générale le 20 mai, que ces corporations coupables du Cap et des volontaires rejettent. Municipalités cependant qui, malgré les armes du pouvoir arbitraire s'établissent par-tout, hors au Cap, où les attentats du despotisme l'ont détruite, et au Port-au-Prince où un massacre en a prévenu l'établissement. C'est donc le régime des municipalités en lui-même que ces corporations repoussent, parce qu'il les éclaireroit de trop près. C'est donc dans ces principes que le gouverneur Peinier écrivoit à celle de Léogane qu'il la casseroit si elle ne se conformoit à ses volontés.

Permettez que l'on vous donne un conseil ; c'est celui du patriotisme ; c'est celui d'un citoyen qui aime son pays, qui connoît ses constituans, et qui prévoit tout ce qui pourroit porter dans leur cœur la crainte et la défiance. Gardez-vous, par exemple, dans la rédaction des nouvelles instructions que vous avez promises, d'écouter les conseils des envoyés des corporations du Cap et du Port-au-Prince, qui assistent aux conférences du comité colonial. La juste prévention qu'ont jeté dans les esprits de la presque totalité des Colons, les excès auxquels ces corporations ont coopéré, fera rejeter tout ce qu'ils auront conseillé. Ne vous ont-ils pas dit que les municipalités ne conviennent point à Saint-Domingue. Prenez garde à cet avis ; c'est un piège perfide dont le but est de conserver aux états-majors et aux officiers judiciaires les fonctions arbitraires et lucratives, et si iniquement exercées de la police des villes.

Il est un rapport essentiel sous lequel ils ont intérêt que vous n'apperceviez pas Saint-Domingue. Ils savent que vous ne le connoissez pas et ils en abusent. Cette portion de l'empire est absolument peuplée, et sur-tout les deux principales villes du Cap et du Port-au-Prince, d'hommes qui ont traversé les mers pour chercher fortune, qui par conséquent sont mus ou peuvent être mus par tous les ressorts que la cupidité met en action. Sont-ce ceux là qui ont besoin de la police la plus sévère, la plus surveillée et la plus désintéressée? Quand au choix des officiers municipaux, on vous rappellera ce que disoit le citoyen de Genève, dont la nation vient de consacrer la célébrité : *le peuple se trompe rarement dans le choix de ses magistrats* ; et les hommes qui se présentent dans l'exercice de la chose publique avec des droits et des evoirs communs, prennent nécessairement l'esrit public quelqu'état qu'ils professent.

On vous dit ceci, parce que l'esprit des enoyés de ces corporations est connu. Leur orgueilleuse vanité craint qu'on admette dans les municipalités de ces hommes utiles que l'ancien régime condamnoit à l'abjection.

Dans l'exposé qui vient d'être fait, on n'aura sans doute apperçu que l'ignorance des faits et de quelques localités auxquelles ils tiennent ; mais dans ce qui va suivre, il semble qu'il soit à craindre qu'on ne vous accuse de partialité, et que l'intérêt seul de votre amour propre exigeoit, après une première erreur, que vous nous trouvassiez coupables de ne nous être pas asservis à la lettre des instructions nationales du 28 mars, qui n'ont pas été plus discutées que tout ce qui concerne les colonies sur lesquelles vous avez acquis le droit de parler seul ; parce que ces instructions sont votre ouvrage. Vous ne sauriez vous le dissimuler ; jetez les yeux sur toutes les colonies françoises ; par-tout, par leur sens ambigu et équivoque, les instructions ont allumé la guerre civile, armé le pouvoir exécutif contre les citoyens et une classe de Colons contre l'autre.

M. Barnave a non-seulement posé les bases de notre accusation et de notre dénonciation sur les détails fournis par les oppresseurs et leurs adhérens contre les opprimés ; mais encore il a établi son jugement sur les mêmes titres ; c'est-à-dire sur les accusations intentées par les dépositaires du pouvoir menistériel contre les légitimes représentans du peuple.

Quels motifs, quels égards vous ont déterminé à suspendre votre rapport sur l'affaire de Saint-Domingue, parce que l'assemblée du Cap, qui avoit un si fort parti en France, vous en supplioit par son adresse à l'assemblée nationale, du 13 juillet ? cette assemblée partielle, sans droit pour délibérer sur les intérêts des autres parties de la Colonie, dont le ressort étoit suffisamment représenté à l'assemblée générale seule autorisée à manifester le vœu des Colons, recusée même par la majorité des paroisses du Nord, n'écrivoit-elle pas à l'assemblée nationale *qu'elle ne veut pas, ne souffrira pas, qu'il faut céder, et que tout pacte est rompu avec la France, qu'elle s'en sépare.* Il faut dire avec M. Pétion, *qu'il est difficile de retenir son indignation!* c'est cependant par condescendance pour une assemblée administrative qui parle d'une manière aussi outrageante à la nation réunie, que vous avez suspendu le rapport d'une affaire devenue néanmoins si pressante selon vous, que ceux qu'elle concernoit n'ont pu être entendu avant qu'on les jugeât.

Cette adresse a été lue et envoyée au comité colonial. Si elle a excité d'une manière si forte l'animadversion de M. Pétion, en son discours à l'assemblée nationale, sur l'affaire de Saint-Domingue, elle contenoit donc des principes coupables; alors vous deviez la dénoncer; si elle étoit au contraire dans les bons principes, vous deviez la défendre. L'impartialité jugera votre silence.

Asservi à de vaines formes prescrites par vos instructions, qui ont établi le gouverneur maître des suffrages du peuple, dans l'élection de ses représentans, vous n'avez considéré comme valides que les procès-verbaux qui vous sont parvenus par son entremise, et vous avez appris par lui que l'assemblée générale étoit *parvenue* à se faire confirmer par une foible majorité. Vous saviez cependant, par notre lettre du 21 juillet, que les vœux manifestés par les districts de la ville du Cap ne l'ont pas été légalement; qu'on y avoit employé une manière insidieuse et contre toute justice, pour le dépouillement des scrutins; que la violence avoit été employée contre quelques assemblées primaires et particulièrement au Port-au-Prince, par M. Coustard; les pièces contenues en cette lettre du 21 juillet, ne vous ont donc pas paru valides, parce que les instructions n'autorisoient pas l'assemblée du peuple à se plaindre des vexations et des infidélités du pouvoir arbitraire dans l'exécution des articles de ces instructions? Si le gouverneur a déclaré officiellement qu'onze paroisses ne se sont pas expliquées, n'avez-vous pas présumé qu'un intérêt particulier ait pu le porter à celer ces procès-verbaux? N'avez-vous pas pensé que ces paroisses les avoient aussi adressées à l'assemblée du peuple? N'avez-vous pu vous adresser à elle pour connoître la vérité? honorée de la confiance d'une considérable portion de l'empire, ne vous a-t-elle pas paru digne de la vôtre? elle vous l'eût fait connoître la vérité; elle vous l'a même offerte. Dans une conférence au comité colonial, on vous a proposé ces éclaircissemens, vous les avez rejetés ; vous avez répondu que, conformément aux instructions, ces procès-verbaux ne pouvoient vous parvenir légalement que par le gouverneur. Il en résulte donc que les archives de l'assemblée générale ne sont pas une source assez pure où il fût possible de puiser avec autant de confiance que dans le porte-feuille d'un gouverneur, si intéressé à la dissolution de l'assemblée générale ; qu'il a proclamé cette dissolution si-tôt l'assemblée confirmée, et par cela seul qu'elle étoit confirmée.

Lorsque les prétendus députés du Port-au-Prince et de la Croix-des-Bouquets se sont présentés, dans leurs déférences pour les opérations du gouverneur, contre lesquelles l'assemblée-générale venoit elle-même réclamer, vous n'avez pas soupçonné, pressenti même un intérêt particulier à seconder les vues de ce gouverneur. Vous n'avez pas apperçu quelque voile que, dans un si grand éloignement, vous ne pouviez arracher qu'avec le secours de ceux qui avoient été témoins de ces opérations, ou sans en entendre les victimes ? vous n'avez pas trouvé de l'illégalité dans leur mission, en la teneur informe du procès-verbal de leur élection, qui ne porte la signature d'aucuns délibérans ? Vous ne vous êtes pas senti quelque scrupule, lorsque vous avez vu que ces envoyés étoient ceux d'une corporation inconstitutionelle, qui, au mépris des décrets de la nation, se faisoit remarquer par une distinction proscrite, un *ponpon blanc*? N'avez-vous pas remarqué que quelques vues d'intérêt particulier avoient porté la ville de commerce où ils ont débarqué à faire soutenir leur mission par des commissaires?

Vous avez accueilli les accusations d'indépendance intentées par le gouverneur Peinier, et avec quelle complaisance vous vous étendez aussi sur le discours qu'il prononça le 28 avril. Vous le présentez comme un témoignage de son patriotisme et de son attachement aux principes de la constitution. Pouvoit-il s'exprimer autrement au milieu des représentans du peuple? eût-il osé le faire? mais ces sentimens étoient-ils dans son cœur? n'aviez-vous pas droit d'en douter? ne pouviez-vous pas vous convaincre du contraire? ne pouviez-vous pas prouver à l'assemblée nationale que les expressions de ce discours n'étoient que le langage des circonstances, qu'un piège tendu à la bonne foi par l'astuce et la perfidie? vous en avez la preuve en sa lettre écrite le 22 du même mois, six jours avant qu'il prononçât ce discours;

vous avez cette lettre au comité colonial, avec les observations rédigées d'ordre de l'assemblée générale, dans lesquelles chacun des principes inconstitutionels du sieur Peinier sont combattus et répondus par un article de la constitution française. Si vous aviez produit cette lettre, les amis de la constitution y auroient vu que ce gouverneur, *loué*, *remercié*, reconnoissoit *pour souverain le roi de France, avoué par la nation françoise, pour être le représentant de tous les pouvoirs.*

Que lui sieur Peinier, a été commis par le roi pour recevoir les plaintes et les représentations de ses sujets, et que, rassemblés ou non, ils ne peuvent rien décider, sans quoi ils cessent d'être sujets.

N'avez-vous pas remarqué que cette lettre n'est pas de l'époque de l'ouverture des états-généraux, du tems où le maître des cérémonies proposoit que, suivant l'ancien usage, les représentans des communes parlassent à genoux; *mais qu'elle est du 22 avril 1790?* Avez-vous pu vous dissimuler que ces principes étoient ceux d'un opposant à la nouvelle constitution? avez-vous pu vous dispenser de les dénoncer à l'assemblée nationale, en votre propre nom? Avez-vous pu enfin vous dispenser de lui faire le rapport de la dénonciation que nous en avons fait en notre lettre du 21 juillet ? Elle sera souvent rappelée cette lettre du 21 juillet; elle contient des faits graves, les pièces sont au soutien ; mais les pièces ni la lettre n'ont été produites.

Lorsque vous avez communiqué à l'assemblée nationale l'arrêté de l'assemblée provinciale du Nord, du 17 mai, contre le décret de l'assemblée générale du 14 du même mois, n'avez-vous pas remarqué combien il est dangereux en principes qu'une assemblée administrative prenne des arrêtés contre les actes de l'assemblée générale constituée par les trois provinces, et par un décret de la nation souveraine ? Cette assemblée du Cap ne devoit-elle pas se borner à des réclamations au tribunal de la nation entière, comme souveraine en toutes ses parties ? Et cet acte de l'assemblée du Cap, *louée*, *remerciée*, pour avoir résisté au corps représentatif de toute la colonie, sous le prétexte vain et ridicule qu'il visoit à la souveraineté, à l'indépendance, n'est-il pas lui-même, dans toute la force du terme, un acte de souveraineté et d'indépendance ?

Vous pouviez encore observer que cette assemblée subordonnée du Nord étoit la même qui avoit fait un acte qui étoit alors du ressort du pouvoir exécutif suprême, en réintégrant et réorganisant le conseil qu'elle avoit cru devoir faire confirmer par l'assemblée générale, dont elle reconnoissoit alors la supériorité, et dans les pouvoirs de laquelle elle avoit assez de confiance pour lui en demander la confirmation. L'assemblée nationale eut apperçu que quelques vues d'intérêt particulier avoient déterminé cette insurrection de l'assemblée du Cap, manifestée en son arrêté du 17 mai, adroitement couvert du voile imposteur du patriotisme; elle eut reconnu que presque toute composée de gens de justice, elle n'avoit fait cet acte que pour empêcher l'exécution d'un décret qui, copié sur celui de l'assemblée nationale, sauf les localités, détruisoit les exactions, les brigandages du pouvoir judiciaire le plus tyrannique qui ait jamais existé; elle eut reconnu que c'est cet arrêté du 17 mai qui a fait perdre toute confiance en l'assemblée du Cap, réduite successivement de 26 paroisses à 5 seulement, et elle en eût trouvé les motifs dans les procès-verbaux de ces paroisses, qui s'expliquent suffisamment à cet égard. Mais vous n'avez rien produit en notre faveur.

Enfin, vous dites que le gouverneur crut, le 13 mai, *devoir ramener l'assemblée générale à ses devoirs*. C'est à vous-même que l'on renvoie l'examen de ce principe aussi étrange que dangereux ; il n'est pas certainement dans la constitution françoise, seroit-il dans celle destinée à Saint-Domingue? C'est vous qui semblez prétendre à l'honneur de dicter des loix aux Colonies, qui le consacrez ce principe par votre approbation! Le gouverneur aura-t-il long-tems l'autorité *de ramener à ses devoirs* une assemblée qui, aux termes des instructions nationales, *doit examiner comment les pouvoirs législatif et exécutif doivent être organisés*. Il la ramenera donc à ses devoirs, lorsqu'elle n'organisera pas le pouvoir exécutif au gré du pouvoir exécutif. Ce sera donc un agent subalterne et responsable qui dirigera l'assemblée chargée d'examiner comment le pouvoir législatif doit être organisé. Répétons avec M. Pétion : *ces mesures sont bien dangereuses en principes ;* mais ce sont les dispositions des instructions du 28 mars que l'assemblée nationale n'a point discutées.

Vous vous faites un titre de ce que M. Mauduit a dit et fait imprimer, que ses canons n'étoient pas chargés. Assertion puérile et dérisoire. Pourquoi ce colonel faisoit-il conduire du canon? pourquoi en embarrassoit-il son détachement, s'il n'avoit pas l'intention de s'en servir ? Que signifient donc ces expressions de la lettre de M. *Cournoyer*, lieutenant-colonel du même régiment (1) : *malheureusement nos canons ne pouvoient pas pointer assez haut.*

Comment résulte-t-il *de plusieurs dépositions de soldats, et sur-tout des faits qui ont suivi, qu'on s'étoit occupé de séduire et corrompre les troupes dans diverses garnisons, et qu'on étoit parvenu à mettre dans les intérêts de l'assemblée générale l'équipage du vaisseau du roi le Léopard?*

Quelles autres preuves de ces faits produiriez-vous, que les perfides et lâches accusations intentées contre de bons citoyens fermes dans les principes de la révolution, par le colonel Mauduit, QUI REVENOIT DE TURIN, et qui a porté l'audace jusqu'à faire condamner à mort, DANS UN CONSEIL DE GUERRE, un des représentans du peuple, et les généreux soldats qui se sont rangés sous les drapeaux de la patrie?

---

(1) Lettre de M. Cournoyer à M. Romillon, commandant du détachement de Saint-Marc, déposée en nos archives.

reconnu la force (1)? puisque, par ce même décret du 12 octobre ; vous faites dire à l'assemblée nationale qu'elle *a déclaré d'avance* (ce qui n'est pas vrai), *la ferme volonté d'établir comme article constitutionnel dans l'organisation des Colonies, qu'aucunes loix sur l'état des personnes ne seront décrétées pour les Colonies, que sur la demande précise et formelle de leurs assemblées coloniales.*

Et vous dites, le 3 août, l'assemblée générale rendit un décret, pour faire prendre les armes aux gens de couleur des Vérettes. Quelque interprétation que vous ayez pu donner à ce

---

(1) Il est à remarquer que M. Blanchelaude, lieutenant général au gouvernement de Saint-Domingue, reçu dans les premiers jours de novembre, a fait le 12 une proclamation absolument dans les principes de l'assemblée générale. Tant il est vrai qu'il n'a pu résister à l'impérieuse autorité des convenances locales. Pourquoi donc le rédacteur du Moniteur disoit-il, le 7 de ce mois, *que la personne la mieux placée pour juger de l'opinion générale des Colons écrivoit que si l'assemblée nationale cassoit les actes de l'assemblée générale, il rétabliroit bientôt l'ordre* ; lorsque cette même personne, dans son premier acte d'agent du pouvoir exécutif, se conforme à ceux de l'assemblée générale de la partie françoise de Saint-Domingue.

décret, si vous aviez connu les localités, vous n'y auriez jamais apperçu cette intention.

M. Martineau, marguillier de la paroisse des Vérettes, écrivit à l'assemblée générale au nom et de la part des mulâtres de cette paroisse, pour lui offrir leurs secours. L'assemblée, qui ne vouloit pas s'en servir, ne vouloit pas aussi, dans une circonstance délicate, les repousser et aliéner leur esprit par la défiance. Ceux qui connoissent les localités et qui pourront se transporter dans la situation où étoit la Colonie sentiront seuls ce qu'exprime ce mot *les autorise*, dans un moment où les ennemis du bien public sollicitoient de toutes parts les mulâtres et où ceux-ci cherchoient une puissance légitime qui pût les protéger. L'assemblée générale rendit le décret suivant :

« Sur la pétition des gens de couleur et » nègres libres de la paroisse des Vérettes qui » offrent à l'assemblee générale de soutenir de » toutes leurs forces *la constitution de la partie* » *françoise de Saint-Domingue*. . . . .

» L'assemblée générale considérant que quoi-» qu'il y ait entre les gens de couleur libres et » les blancs une ligne de démarcation inprescrip-» tible, il n'en est pas moins vrai que les gens » de couleur libres *ont un intérêt direct à la pros-* » *périté de cette Colonie*.

» Considérant encore que personne plus » qu'eux n'est *victime du despotisme du gouverneur et des officiers des états-majors*, et qu'ils » ont à cet égard de justes doléances à former ; » a décrété et décrète que toutes les fois qu'il » s'agit *du salut de la nation* et de la partie » françoise de Saint-Domingue, la cause leur » est commune. En conséquence l'assemblée » générale les autorise à marcher *sous les drapeaux de la nation*, en par eux observant de » ne jamais se réunir, sans avoir à leur tête » des officiers blancs ».

C'est là un de ces décrets dont vous avez supprimé la lecture et sur-tout l'impression.

M. Barnave, après avoir été notre dénonciateur, notre accusateur, a aussi été notre juge.

Votre rapport porte tous les caractères d'une dénonciation, d'une accusation ; vous ne parlez jamais qu'à notre charge. Vous ne vous montrez point avec la srcupuleuse impartialité d'un rapporteur ; vous ne discutez rien et vous passez rapidement, sans examen, sans analyse, sur toutes les opérations de l'assemblée générale où vous ne voyez que des crimes; on voit enfin par-tout l'esprit qui vous guida, lorsque le premier octobre vous nous dites chez vous — *votre décret du 28 mai est un crime: tous les actes qui l'ont suivi sont criminels: je ne peux vous donner plus de délai: mon rapport est prêt et se fera le 4: le décret sera prononcé: votre assemblée et tous vos actes seront cassés.*

Qui douteroit après cela que ce ne soit vous, vous seul qui nous ayez jugés?

M. Barnave a refusé les lumières que devoient nécessairement lui donner les représentans d'une portion du peuple François réunis par l'autorité de la nation souveraine et qui n'avoient traversé les mers que pour lui en apporter

---

A notre arrivé nous avons dit publiquement, nous avons fait imprimer, nous vous avons dit en particulier, nous vous avons dit à une conférence au comité colonial, nous avons dit à l'assemblée nationale, qui a renvoyé nos adresses au comité colonial, que nous venions accuser le sieur Peinier et ses agens d'avoir attenté aux droits du peuple, d'avoir fait massacrer des capitaines de district, d'avoir fait ignominieusement traîner les drapeaux de la nation dans la poussière, d'avoir voulu enfin opérer à Saint-Domingue une contre-révolution.

Nous étions les légitimes représentans du peuple, nous étions *une émanation du tribunal auguste de la nation, chargée de délibérer une constitution particulière et qui fût propre à nos localités*; et sans égard pour le caractère dont nous sommes revêtus, sur les faits dénoncés par le sieur Peinier, par l'agent de l'autorité arbitraire ministérielle, vous nous convertissez d'accusateurs en accusés.

Si nos archives, si ce dépôt précieux et respectable ne pouvoit vous fournir des preuves selon vous évidentes de la fausseté de la narration du sieur Mauduit, consacrées particulièrement dans le procès-verbal du capitaine général des districts du Port-au-Prince, que nous avons fait imprimer à Paris; nous vous avons dit que M. la Souchère-Rivière, major général de ces districts, étoit en France avant nous. Messieurs Hugues et Basset; citoyens actifs du Port-au-Prince, M. Croizier, malheureuse victime du despotisme, dont les deux premiers étoient à cette nuit désastreuse du 29 au 30 juillet, sont de même ici. Si on les avoit entendus, le témoignage de ces quatre citoyens défenseurs de la liberté ne vaudroit-il pas celui du sieur Mauduit, qui rend à sa manière compte de ses forfaits ? ne vaudroit-il pas les preuves que vous trouvez dans les lettres confidencielles du sieur Coustard qui parle dans sa propre cause ? Lettres qui ne sont pas signées.

Vous citez des dépositions de soldats ! Quels étoient-ils ces soldats ? Séduits, travaillés par leur colonel, ils étoient préparés par lui à s'enivrer de ses sentimens anti-constitutionnels, et à devenir ses complices d'assassinats médités. Quel rapporteur sur des inculpations de séduction, de corruption, n'eût pas cru devoir ralentir sa marche, au lieu de la précipiter, et se persuader lui-même de leur réalité, avant d'en faire usage ? ce procédé n'étoit-il pas nécessaire à l'exactitude de votre rapport ? Il falloit intéroger ces braves et prudens soldats de la garnison de Saint-Marc, qui, éloignés des moyens de corruption employés dans les casernes du Port-au-Prince, vinrent de leur propre mouvement nous dénoncer le serment clandestin qu'on vouloit leur arracher. Ces généreux citoyens sont tous en France. Il falloit faire intéroger tout cet équipage du vaisseau le

Léopard si recommandable par son attachement à la constitution françoise, dont le sensible patriotisme, effrayé des motifs et des suites de ces orgies qu'on lui proposoit, en eut assez d'horreur pour lui faire mettre cette fois seulement la désobéissance au rang de ses premiers devoirs. Voilà les dépositions qu'il falloit entendre, et non juger sur le rapport des seuls accusateurs. Quels regrets vous devez éprouver d'avoir négligé des moyens si près de vous. Mais avez-vous cru vous-même à ces accusations? Si vous y avez cru, pourquoi ne sommes-nous pas jugés? Certes, dans cette circonstance des attentats de séduction, de corruption pour détourner de fidèles citoyens vers un parti inconstitutionnel, et qui visoit à l'indépendance, n'ont pu vous inspirer les ménagemens que vous annoncez avoir pour les auteurs de tels forfaits; car il est certain que vous les préjugez vous-même favorablement, lorsque vous dites: « Si » leurs actes sont condamnés, il faut leur don» ner le tems de justifier leurs intentions; l'as» semblée nationale desirera toujours n'y trou» ver que des erreurs; elle voudra sans doute » leur donner tout le tems de l'en convaincre ».

Nous voilà donc, sur votre rapport, jugés et condamnés sur des intentions que vous présumez que nous justifierons. A ces incertitudes, à cette contradiction dans vos idées, qui ne voit que la connoissance de la vérité vous manquoit! Nous vous l'apportions cette vérité, vous n'avez pas voulu l'entendre.

Après l'accusation soutenue de preuves intentée contre M. la Luzerne ; après tout ce qui s'est passé à Saint-Domingue depuis notre départ ; après les traités violés par le sieur Peinier, les emprisonnemens, les poursuites criminelles, la condamnation illégale de plusieurs citoyens, dont tout le crime a été de manifester une opinion contraire aux intérêts des despotes ; après la peine de mort portée contre un grand nombre ; après les armes mises aux mains des affranchis contre leurs protecteurs légitimes, leurs patrons, leurs bienfaiteurs ; après la fédération de quarante-quatre des cinquante-deux paroisses contre ces abominables excès, vous ne pouvez plus douter que nous n'ayons fait que résister à l'oppression, sous laquelle, suivant les propres expressions de votre rapport, nous gémissions depuis si long-tems ; et vous n'avez pas voulu entendre les réclamations des représentans du peuple opprimé !

M. Barnave a supprimé la lecture et l'impression de pièces essentielles qui auroient éclairé l'assemblée nationale sur les principes de l'assemblée générale, et sur les motifs et les circonstances qui ont déterminé ses actes.

Afin d'éclairer nos constituans sur les motifs de nos actes, nous les avons toujours déduits dans les considérans.

Vous avez non-seulement rejeté toutes les preuves qui auroient détruit cette ridicule allégation de scission, de souveraineté, d'indépendance à laquelle il est certain que vous n'avez jamais cru, puisque vous le dites vous-même en votre rapport ; mais un reproche bien plus grave que nous sommes en droit de vous faire, c'est que lorsque vous avez cité nos actes, vous avez supprimé les considérans des deux plus importans ; et c'est dans ces considérans que l'assemblée nationale eût trouvé des lumières sur les motifs et les circonstances qui les ont déterminés.

Avant la révolution, la loi n'avoit pas pu prévoir quels seroient les obstacles que le pouvoir arbitraire y apporteroit ; elle n'avoit donc pas pu indiquer les moyens de le réprimer. Il falloit donc les puiser dans le droit commun des hommes que l'assemblée nationale a mis, à dessein sans doute, à la tête de sa constitution. C'est donc-là, c'est dans ce droit imprescriptible de la nature que les vaines formes, auxquelles vous avez voulu nous soumettre, n'intervertiront jamais ; c'est dans l'exemple de l'assemblée nationale elle-même que nous avons trouvé une autorisation suffisante pour décréter ces actes que vous appelez inconstitutionnels.

Après avoir passé sans examen, sans analyse, sans discussion, sur toutes les opérations de l'assemblée générale, jusqu'au 28 mai, vous passez à ce décret du 28 mai, dans lequel vous avez trouvé des projets de scission, d'indépendance, de souveraineté.

Cependant c'est après sa confirmation, dites-vous, que l'assemblée générale s'est conduite de manière que vous vous êtes déterminé à demander sa dissolution. Sans examiner si aucune autorité sur la terre pouvoit disposer de la confiance de nos constituans, on peut observer que c'est aussi après sa confirmation que le sieur Peinier a jugé nécessaire de dissoudre l'assemblée générale. Nous connoissons bien ses motifs ; cette confirmation assuroit le grand œuvre de la régénération à Saint-Domingue ; et il avoit intérêt ou ordre de s'y opposer. On ne croira jamais, et il est impossible que l'on croie, que ces motifs soient ceux d'un des régénérateurs de l'empire, et que vous ayez songé, par cet article du décret du 12 octobre, *les anciennes loix continueront d'être exécutées*, à rétablir le régime arbitraire qui nous tenoit dans l'oppression. Cependant il seroit bon que vous dissiez à l'assemblée nationale pourquoi vous ne vous expliquez pas sur les motifs qui vous ont porté à demander cette dissolution sur la conduite de l'assemblée générale de Saint-Domingue, après sa confirmation, puisque la base de votre accusation de souveraineté, d'indépendance, sur laquelle nous avons été jugés, est dans le décret du 28 mai, rendu avant la formation des assemblées primaires qui ont confirmé l'assemblée.

Cependant, l'assemblée nationale eût-elle cru à cette accusation d'indépendance, si vous aviez fixé son attention sur ce dernier des considérans du décret du 28 mai.

« L'assemblée nationale si constamment atta-
» chée aux principes de justice, et qui vient
» de manifester le desir d'assurer la prospérité

» des isles Françoises de l'Amérique, n'hésitera » pas à reconnoître les droits de Saint-Domin- » gue, *par un décret solemnel et authentique.* »

Saint-Domingue attendoit donc sa prospérité d'*un décret solemnel et authentique* de l'assemblée nationale.

Vous n'avez point donné communication de notre lettre du 7 juin, qui accompagnoit le décret du 28 mai; nous y disions :

« L'assemblée, dans le décret du 8 mars, » a vu l'approbation de ses bases constitutio- » nelles, à quelques différences près, que les » localités exigent, qui n'ont pu être jugées » par nos frères d'Europe placés à deux mille » lieues de nous; mais qui sont frappantes et » palpables pour ceux qui arrosent de leurs » sueurs cette terre brûlante qui ne devient » fertile que par des moyens absolument étran- » gers à la France......

» Acceptez, Messieurs, et DÉCRÉTEZ, pré- » sentez à l'acceptation et à la sanction du » roi les bases constitutionelles que nous avons » l'honneur de vous adresser; par là vous por- » tez la paix au milieu de nous, vous repous- » serez ces systêmes destructeurs qui, sous » le voile d'une chimérique perfection, trou- » blent toutes les propriétés, et finiront par

» tarir

» tarir les sources de la prospérité publique.
» Nous bornons-là nos demandes actuelles, et
» nous le faisons avec d'autant plus de con-
» fiance, que c'est dans l'intérêt commun que
» la partie françoise de Saint-Domingue a pris
» les bases qu'elle vous PROPOSE, pour se-
» conder le sien et amener sa prospérité, *de*
» *laquelle dépend cette grande prépondérance que*
» *l'empire françois a acquis dans la balance po-*
» *litique de l'Europe.*

» L'assemblée générale espère que vous vou-
» drez bien lui faire parvenir le journal de vos
» précieux travaux, dans lesquels elle puisera
» les matériaux qui seront propres à complet-
» ter sa constitution.

» ATTACHEMENT INVIOLABLE A LA NATION,
» SOUMISSION RESPECTUEUSE AUX LOIX,
» AMOUR POUR LE ROI DES FRANÇOIS ! TELS
» SONT LES SENTIMENS QUE LA PARTIE FRAN-
» ÇOISE DE SAINT-DOMINGUE DÉPOSE DANS
» LE SEIN DE LA NATION ENTIERE. »

Lors de la publication à Saint-Domingue de ces bases constitutionnelles, nous écrivions à nos constituans, à qui nous les adressions pour les examiner :

« Quant au projet de scission qu'on a osé

» nous imputer, avec quelques réflexions vous
» n'y aurez pas sans doute ajouté foi.

» En effet, l'estime et la confiance ont dû
» déterminer le choix de vos représentans.
» D'ailleurs, quel est celui d'entre nous qui
» ne soit pas attaché à la France par des liens
» de sentiment et d'intérêt? *Quel est celui d'en-*
» *tre nous qui ne soit fier d'appartenir à une*
» *nation, dont l'énergie fait l'admiration de l'uni-*
» *vers? Quel est celui d'entre nous qui ne soit*
» *pénétré d'amour et de vénération pour un roi*
» *RESTAURATEUR DE LA LIBERTÉ? Quel*
» *est celui d'entre nous qui, s'il avoit le choix*
» *d'un gouvernement, ne préférât sans balancer*
» *celui de la France, comme le plus conforme aux*
» *loix de l'équité naturelle et de la saine raison?*

« Jugez donc, chers concitoyens, si jamais
» CET ODIEUX ET CHIMÉRIQUE PROJET a pu
» nous occuper un seul instant!

Dans le développement que nous avons publié de ces bases constitutionnelles, et qui a été officiellement envoyé à l'assemblée nationale, par conséquent au comité colonial, nous disions:

« L'assemblée provinciale du Nord prétend
» que c'est à elle à donner l'exemple de la
» fidélité *à la nation, à la loi et au roi.* Que

» ne lit-elle dans le cœur de tous les Colons ?
» elle y verroit LEUR ATTACHEMENT INÉBRAN-
» LABLE A LA FRANCE, DONT ILS SONT LES
» ENFANS ; LEUR FIDÉLITÉ INVIOLABLE ET
» LEUR AMOUR POUR UN ROI qui leur ouvre
» son cœur avec effusion, et les assure que,
» malgré leur éloignement du lieu de sa rési-
» dence, il est constamment occupé de leur
» bonheur. Et si l'assemblée générale jouit dans
» cette circonstance d'un droit de plus que ses
» concitoyens, droit qui lui est si cher! c'est
» d'être *auprès de la nation et du monarque*,
» *l'organe de leurs sentimens et le garant de leur*
» *patriotisme* ».

Dans notre lettre du 21 juillet, dans cette lettre à l'assemblée nationale que vous n'avez point communiquée, non plus que les pièces importantes qu'elle accompagnoit, nous disions :

« Nous vous avons rendu compte de nos
» travaux jusqu'à ce jour. De grands événemens
» se sont passés depuis. Nous osons croire que
» vous voudrez bien suspendre un instant vos
» importantes occupations, pour écouter les
» réclamations d'une aussi intéressante portion
» de l'empire françois, *d'une portion de ce peuple*
» *magnanime que vous repousseriez de votre sein*,
» QUE VOUS N'AVOUERIEZ PLUS POUR VOS

» FRÈRES, *s'ils n'employoient en tout les moyens » que leur a donné la nature, la raison et votre » exemple, pour briser les fers du despotisme.*

» D'après les lettres du gouverneur général, » des 22 avril et 27 mai, vous aurez jugé, » messieurs, quelles sont ses dispositions, *pour » contribuer à opérer tout le bien que l'assemblée » générale se propose de faire* (1) : mais quel » sera votre étonnement, lorsque vous appren» drez que simple agent du pouvoir exécutif, » il proclame *une déclaration en interprétation » des décrets de l'assemblée nationale*; il les mo» difie, il les atténue, il les interprète confor» mément à ses vues particulières; et se disant » revêtu DE LA PUISSANCE SUPRÊME, il défend » aux représentans libres du peuple françois de » Saint-Domingue, A UNE ÉMANATION DE » L'AUGUSTE ASSEMBLÉE DE LA NATION *réunie » pour modifier vos sages décrets, conformément » à leurs convenances locales et particulières*; il » leur défend, disons-nous, d'y rien ajouter, » et déclare qu'il soutiendra cette étrange pro-

(1) Expressions de la lettre du Sieur Peinier, du 22 avril.

» clamation, avec toutes les forces qui sont
» en ses mains.

» Nous sentons quelles peuvent être les suites
» funestes du refus obstiné du gouverneur, à
» se rapprocher de l'assemblée générale ; mais
» nous savons aussi ce que doivent DE VRAIS
» FRANÇOIS POUR SOUTENIR LES DROITS DU
» PEUPLE, ET LE SUCCÈS D'UNE RÉVOLUTION
» QUI DOIT OPÉRER LA SURETÉ, LA GLOIRE
» ET LE BONHEUR DE TOUT L'EMPIRE. Con-
» vaincus que la modération et la prudence
» n'excluent point le courage et la fermeté,
» NOUS SUIVRONS VOTRE EXEMPLE, ET COMP-
» TEZ, MESSIEURS, SUR LA CONSTANCE ET
» LA FIDÉLITÉ DES REPRÉSENTANS DE LA
» PARTIE FRANÇOISE DE SAINT-DOMINGUE.

A ces expressions franches et loyales, à cette effusion de nos cœurs, à ces élans du patriotisme et de l'orgueil d'être françois, vous avez pu méconnoître nos principes ! et cependant, en ne communiquant pas ces témoignages évidens de la pureté de nos sentimens, vous avez privé l'assemblée nationale de la consolante conviction que nous étions bons patriotes ; et, mère sensible et compatissante, elle a eu la douleur de ne voir en nous que des coupables Elle accueille avec justice et bonté les réclamations du plus foible corps représentatif d'une portion du peuple françois ; éclairée par la communication de notre lettre du 21 juillet, elle eût vu les motifs des actes de l'assemblée générale ; le développement des bases constitutionnelles du 28 mai ; les principes inconstitutionnels du gouverneur, dans ses lettres des 22 avril et 27 mai ; elle eût vu quels ressorts cet agent du pouvoir arbitraire a fait agir pour opérer la dissolution de l'assemblée des représentans de Saint-Domingue ; les moyens que l'assemblée du Cap a mis en usage pour repousser la vérité ; ceux qu'elle a employé contre les commissaires de l'assemblée générale *constituée par un décret de la nation souveraine*, qu'elle a osé traiter avec toute la rigueur de l'inquisition ministérielle ; elle eût vu notre réponse *aux principes invariables* de M. Trémondrie, et à l'adresse de l'assemblée du Cap : elle eût vu par quels moyens cette assemblée étoit parvenue à détruire la municipalité et les réclamations patriotiques de cette municipalité ; les attentats du gouverneur et de ses agens, pour troubler les assemblées primaires, et y dominer l'opinion par la crainte ; les insultes faites à la cocarde nationale par le colonel Mauduit et ses soldats, et par les volontaires *au ponpon blanc*, et la réponse de ce colonel au comité de l'Ouest, qui se plaignoit de ces excès, *que ses soldats ne savoient pas verbaliser*; c'est-à-dire qu'ils ne savoient qu'insulter pour se battre; elle eût vu le refus du gouverneur de se rapprocher de l'assemblée générale, et le motif de son refus; le serment clandestin exigé des soldats dans leurs casernes. Que de titres à produire! et tout a été jeté dans l'oubli.

L'ascendant irrésistible de la vérité vous a cependant arraché cet aveu. Vous avez dit en votre rapport: » ils ont toujours rejeté les idées » d'indépendance; et si quelques citoyens les » ont présentées, elles ont constamment été » repoussées *par des sentimens d'attachement et* » *de fidélité à la nation françoise* ».

En effet, vous vous résumez à dire qu'il est possible que nous ignorassions le sens du mot *acceptation*, dans l'acception duquel vous avez néanmoins trouvé la preuve précise *de nos projets d'indépendance et de souveraineté.*

Une petite dissertation grammaticale auroit jeté du jour sur ce point important. N'auriez-vous pu dire à l'assemblée nationale?

Le mot *acceptation* a toujours signifié, dans la langue françoise, un acte libre, la faculté d'admettre ou de rejeter. Lorsque nous avons organisé le pouvoir exécutif suprême, à la condition d'accepter les loix par lesquelles le peuple françois veut être gouverné, nous avons manqué de termes pour exprimer cette idée nouvelle. Il est certain que le mot *acceptation*, dans le sens rigoureux où nous avons été obligés de l'employer, semble impliquer contradiction de même que les idées qu'il représente *d'adoption forcée*, *de consentement forcé*; cependant il a fallu se servir de ce terme, ou en imaginer un autre. Il s'ensuit donc que le mot *acceptation*, à moins de le bannir d'ailleurs de notre langue, n'a et ne peut avoir de sens rigoureux que du pouvoir législatif, constituant au pouvoir exécutif suprême. Il s'ensuit donc aussi nécessairement que l'assemblée générale de Saint-Domingue, ne pouvant sous aucun rapport considérer l'assemblée nationale comme un corps organisé, à la condition de donner *son adoption forcée*, *son consentement forcé* aux loix par lesquelles le peuple françois de cette isle doit être gouverné, n'a pu attacher au mot *acceptation* d'autre idée que celle qu'il a dans la langue françoise, hors le sens rigoureux nouvellement saisi par la constitution; c'est-à-dire la faculté libre d'approuver ou de rejeter, et l'on en trouve la preuve dans le dernier des considérans de ce même décret du 28 mai, qui manifeste l'espérance que l'assemblée nationale *n'hésitera pas à reconnoître les droits de Saint-Domingue, par un décret solemnel et authentique.*

L'assemblée provinciale du Nord, que vous vous plaisez à mettre toujours en opposition avec l'assemblée générale; cette assemblée partielle du Cap, que votre condescendance met toujours au-dessus de l'assemblée de la Colonie entière, constituée par un décret de la nation, publia, dites-vous, le premier juin, des observations sur le décret du 28 mai. Vous ajoutez que l'assemblée générale y répondit; mais pourquoi ne pas dire ce qu'elle y répondit?

« Quoi, disions-nous, parce que Saint-Do-
» mingue, *de l'aveu de l'assemblée nationale* et
» du roi qui auroient accepté sa constitution,
» auroit la faculté de faire des réglemens pour
» son régime intérieur; tous autres rapports
» autres que les commerciaux, seroient anéantis
» entre la France et lui? . . . . . La paix ou
» la guerre se feroient ici *sans la volonté de la*
» *mère-patrie, dont les forces seules peuvent nous*
» *protéger et nous défendre?* Telles seroient ce-
» pendant les conséquences du raisonnement
» captieux posé par l'assemblée provinciale du
» Nord; vrai paradoxe qui s'écroule de lui-

» même, pour peu qu'on veuille observer *que*
» *de si grands intérêts politiques , et tant d'autres*
» *liens qui attachent Saint-Domingue à la France,*
» *indépendamment des rapports commerciaux, sub-*
» *sisteront toujours , et rendront constamment*
» *unies deux parties qui ne sauroient être sé-*
» *parées* ».

Il n'y avoit pas dans cette discussion l'habileté qu'y avoit mise, selon vous, l'assemblée du Cap; mais il y avoit de la franchise et de la bonne-foi.

Le 20 juillet, dites-vous, l'assemblée générale rend son décret, sur l'ouverture des ports à l'étranger ; et soit à la lecture, soit à l'impression, vous supprimez, suivant la méthode que vous avez adoptée, les cousidérans du décret où en sont déduits les motifs.

Vous nous reprochez de n'avoir pas assez de lumières pour discuter nos intérêts ; au moins en avons-nous assez pour appercevoir que cette manière de s'énoncer devoit altérer, dans l'opinion publique, l'idée d'impartialité, de fidélité scrupuleuse qui doivent caractériser un rapport.

L'assemblée générale a ouvert les ports à l'étranger !

Cette assertion tranchante , jetée isolément dans l'idée des membres de l'assemblée nationale et de tous les citoyens qui considèrent les loix prohibitives du commerce comme la compensation de la protection que la mère-patrie accorde aux Colonies, doit les avoir empêché de fixer leur attention sur la teneur du décret, et sur-tout sur l'article I qu'il est nécessaire de transcrire encore ici, parce qu'on ne sauroit se lasser de le produire comme la preuve la plus précise contre cette accusation si vague, si peu fondée, et même si fausse.

« Tout bâtiment étranger admis dans les » ports du Cap, du Port-au-Prince et des » Cayes, en vertu de l'arrêt du conseil d'état » du roi, du 30 août 1784, et des ordon- » nances subséquentes des général et inten- » dant, notamment de celles des 26 décembre » et 21 avril derniers, sera également admis » dans tous les ports de la partie françoise de » Saint-Domingue, où il y aura une munici- » palité établie, et *ne pourra y introduire que les* » *objets permis par lesdits arrêts et ordonnances.* »

A l'appui de cet article si clair, si simple, vous auriez pu développer à l'assemblée nationale les considérans du décret, et lui dire : les réclamations de toutes les paroisses annonçoient depuis long-tems la disette la plus allarmante ; le gouverneur, par sa lettre du 6 juin, faisoit part à l'assemblée générale de ses inquiétudes sur la rareté des farines dans la plus grande partie de l'isle; les départemens principaux qui approvisionnent les autres en manquoient; le gouverneur déclaroit n'avoir aucuns moyens de venir au secours des cantons où la disette se faisoit déjà sentir, et n'avoir pas de quoi suffire aux besoins des rationaires; les nouvelles du continent, ajoutoit-il, n'anonçoient aucunes espérances; l'assemblée générale étoit informée des dépenses immenses qu'y avoit fait le gouvernement, pour subvenir aux besoins du peuple qui manquoit; elle se rappeloit les arrêts du parlement de Bordeaux, qui avoit fait débarquer les farines destinées pour les Colonies; elle voyoit approcher la saison funeste des ouragans, pendant laquelle, depuis *les Ances à Pitre*, jusqu'aux *Baradaires*, c'est-à-dire, sur cent cinquante lieues de côtes, toutes relations de commerce sont interrompues; elle savoit, parce qu'elle connoît les localités, que ce sont ces terribles fléaux qui, dans peu d'heures, peuvent réduire une population de deux cent mille laboureurs à la famine la plus affreuse; elle sentoit que l'urgence des besoins doit déterminer l'urgence des secours; et ce principe de droit naturel étoit consacré par un décret de l'assemblée nationale elle-même, qui, dans son instruction du 28 mars, excepte formellement du régime prohibitif du commerce qui nous lie avec la France, *les exceptions momentanées que peuvent exiger les besoins pressans et impérieux à l'introduction des subsistances.*

Le droit de modifier les loix prohibitives étoit entre les mains du gouverneur et de l'intendant. Ils s'en étoient encore prévalus, malgré que ce fût contraire à la révolution, les 26 décembre et 21 avril derniers. Autorisés par l'intention de la révolution et par les dispositions d'un décret de l'assemblée nationale, les représentans du peuple François de Saint-Domingue devoient-ils reprendre ce droit, ou le laisser entre les mains du pouvoir exécutif, qui seroit resté législateur?

L'expérience avoit convaincu l'assemblée générale d'une vérité que vous ne sauriez appercevoir dans le point-de-vue où ceux qui vous entourent vous ont placé. C'est que les ports d'entrepôt sont devenus la cause d'un monopole destructeur, d'accaparemens odieux qui enrichissent quelques capitalistes aux dépens des cultivateurs et des consommateurs des ports non *privilégiés.*

Voilà ce que vous auriez mis sous les yeux

de l'assemblée nationale, si vous aviez voulu lire et faire imprimer les considérans de ce décret. Vous auriez pu de même lui faire remarquer qu'il donnoit les plus grands encouragemens au commerce national, et tels que les Américains pouvoient difficilement se mettre en concurrence avec lui.

Article XIV de ce décret.

« Il sera accordé une prime d'encouragement de 6 liv. par baril de farine étrangère » introduite dans la partie Françoise de Saint-» Domingue par les bâtimens françois expé-» diés dans la Colonie; ladite prime sera payée » sur le produit du droit d'un pour cent. »

Ce droit d'un pour cent est celui que paient les Américains. Cette prime d'encouragement étoit en faveur des caboteurs; pour leur ouvrir une branche de commerce qui, dans les cas de nécessité urgente, étoit toute au profit des accapareurs des villes privilégiées et des administrateurs spéculateurs; et ce sont ces mêmes caboteurs que la perfidie a armés contre nous.

Il en a été du décret du licenciement des troupes, comme de celui des subsistances; vous en avez supprimé les considérans.

L'assemblée nationale, qui a établi la résistance à l'oppression, comme un des droits essentiels de l'homme, y auroit reconnu les circonstances qui nous ont déterminé, les principes qui nous ont guidé. En effet, quelles règles, quels préceptes, quelles formes peuvent être imposées, dans un moment de révolution! le salut du peuple, voilà la suprême loi! c'est celle que nous avons suivie. Qu'on lise quelques considérans de ce décret.

» L'assemblée générale considérant que le » soin de veiller au maintien de la tranquillité » intérieure, impose un autre devoir non moins » pressant aux représentans de la partie Fran- » çoise de Saint-Domingue, celui d'ôter à un » gouverneur mal conseillé, et gouverné lui- » même par une troupe d'hommes pervers qui » l'entourent, le moyen d'exécuter contre les » habitans d'une des principales cités de cette » colonie, et contre la colonie entière, des des- » seins dont la noirceur ne se développe que » trop *dans des préparatifs de guerre qui menacent* » *la ville du Port-au-Prince, et que rien ne* » *nécessite*.

» Considérant que ce devoir devient plus » important à remplir, et plus cher en même » tems aux représentans de la partie Francoise

» de Saint-Domingue, *à raison de l'attachement* » *qu'ils ont voué à la mère-patrie, à laquelle ils* » *veulent conserver une colonie qui est sur le point* » *de lui échapper par les criminels efforts de ceux-* » *là mêmes qui osent accuser l'assemblée générale* » *de viser à l'indépendance :* qu'en effet les nou- » velles allarmantes que l'assemblée générale » reçoit de toutes parts, ne permettent plus de » douter qu'il n'y ait un plan formé pour opé- » rer une contre-révolution, en enlevant cette » colonie à la France : que les liaisons du sieur » Mauduit, colonel du régiment du Port-au- » Prnice, avec les ennemis de la révolution ; son » voyage d'Italie, les propos qu'il a tenus ou- » vertement à Paris contre la révolution, et qui » sont consignés dans les papiers publics ; le » changement qui s'est opéré dans le gouverne- » ment, dès l'instant de l'arrivée de ce colonel » à Saint-Domingue ; les bravades de cet officier » envers l'assemblée générale, l'encouragement » par lui donné à une corporation qui semble » n'avoir pour objet que de traverser l'assem- » blée générale, dans l'exécution de ses décrets ; » le concert suivi de ce nouveau commandant » par *intérim* de la ville du Port-au-Prince, » avec les officiers qui composent l'état-major » de cette même ville ; ses démarches constatées

» auprès

» auprès des troupes soumises à ses ordres ; les » écrits incendiaires qu'il répend parmi elles, » les indécentes orgies auxquelles il se livre » avec ceux qu'il appelle *mes soldats*, comme » pour leur faire oublier les exercices for- » cés par lesquels il les écrase ; tout, jusqu'à » la procédure qui s'instruit devant le châtelet » au nom de l'assemblée nationale contre le » ministre prévaticateur, dont le sieur Mauduit » est un des agens le plus affidé, tout annonce » la vérité d'un complot d'où doivent dépen- » dre et le succès d'une contre-révolution si sou- » vent tentée, jamais abandonnée, et avec elle » le salut du ministre, objet depuis si long-tems » de l'exécration si justement méritée de la » partie Françoise de Saint-Domingue, et avec » elle encore les ambitieux projets de tant d'or- » gueilleux également dévorés de la soif des » honneurs et de celle des richesses, et vive- „ ment intéressés au rétablissement de l'ancien » régime, seul favorable à leurs espérances al- » tières

» Considérant enfin que tous les doutes sont » éclaircis, que tous les voiles sont désormais » levés par le serment criminel que le sieur » Mauduit abusant de l'ignorance et de la foi- » blesse de soldats peu instruits, et accoutumés

» à ployer sous son autorité, a osé exiger d'eux, » et dont il n'a pas craint d'adresser à l'assem- » blée générale les formules diversement impies: » serment qui est coupable, de cela seul qu'il » est différent de celui qui a été prescrit, soit » par l'assemblée nationale, soit par l'assemblée » générale de la partie Françoise de Saint-Do- » mingue : serment dont le crime augmente et » se manifeste de plus en plus par sa clandes- » tinité même; *car tout serment qui n'est prêté* » *par des soldats que dans l'enceinte de leurs* » *casernes, tout serment qui n'est point prêté par* » *eux en présence du peuple ou de ses magistats,* » *est un serment clandestin;* serment que le sieur » Mauduit a cherché à propager par des voies » aussi ténébreuses, parmi les soldats du déta- » chement en garnison en cette ville de Saint- » Marc, en leur envoyant pour cette effet deux » officiers du même régiment, les sieurs de » Ligneris et Brunet : serment qui décèle d'au- » tant mieux l'esprit dans lequel il a été inventé, » que le commandant de cette même ville de » Saint-Marc, le sieur de Grimouville, s'est » opposé aux recherches que le comité étoit » chargé par l'assemblée générale, de faire aux » casernes, pour constater une démarche aussi » attentatoire à la liberté publique : serment qui

» doit avoir été exigé des autres troupes sol-
» dées de la partie Françoise de St.-Domingue :
» serment, enfin, qui ne tend à rien moins
» qu'à s'assurer des soldats par les liens les plus
» sacrés de l'honneur et de la religion ; pour
» pouvoir ensuite tourner leurs armes contre
» les citoyens ; si, ce que la plupart des soldats
» ignorent, un serment fait au-delà de ce que
» les loix prescrivent n'étoit pas nul, et si ceux
» à qui on l'a surpris n'en étoient pas relevés par
» sa propre illégalité.

L'assemblée nationale eût-elle douté de l'authenticité de ces assertions ! en nous entendant elle eût pris confiance en nous ; elle sait que nous sommes françois et légitimes représentans du peuple ! . . . . . d'ailleurs nos archives en eussent fourni cent preuves pour une ; elle les eût trouvé enfin en notre lettre du 21 juillet, dont elle n'a point eu connoissance.

Vous dites que, « quelques citoyens restés
» inébranlablement attachés et fidèles à la mère-
» patrie, n'étoient pas abusés *par les protes-*
» *tations de patriotisme et de fidélité*, que l'as-
» semblée générale savoit mêler quelquefois
» *aux résolutions pour lesquelles elle attiroit suc-*
» *cessivement à elle tous les pouvoirs* ».

C'est vous, c'est un rapporteur qui présente à des juges une inculpation aussi insidieuse! quelles étoient-elles ces résolutions? dans l'ancien style astucieux et entortillé du barreau, cela signifie le projet d'indépendance dont vous nous avez accusés. Il faut vous laisser répondre vous-même à cette vaine et ridicule allégation. Vous avez dit en votre rapport:

Ils ont toujours rejeté les idées d'indépendance, elles ont constamment été repoussées par des sentimens d'attachement et de fidélité à la nation françoise.

Et cependant, poussé par l'impulsion extraordinaire qui vous a toujours guidé, sans raison, sans aucuns motifs plausibles, en faisant votre rapport sur les troubles de la Martinique, vous dites: il n'en est pas en cette isle comme à Saint-Domingue; quoique les négocians soient opposés aux planteurs, les deux partis n'en sont pas moins bons françois. Il en résulte donc qu'à Saint-Domingue il y a un parti qui n'est pas bon françois, et dans le sens où vous l'exposez, ce parti est l'assemblée générale et les quarante-quatre paroisses dont elle a manifesté les principes.

Avez-vous pu donner votre approbation à la proclamation du sieur Peinier, pour la dissolution de l'assemblée générale? avez-vous pu la lire sans le plus dégoûtant mépris? avez-vous pu la mettre sous les yeux de l'assemblée nationale, sans demander la punition de son auteur? lâcheté, perfidie, mensonge, despotisme outré, attentat aux droits du peuple, destruction des principes constitutionnels, enfin tout ce que peut contenir le libelle le plus audacieux s'y trouve, et on le prouvera. Mais il étoit responsable de l'exécution des décrets des 8 et 28 mars, que vous aviez rédigés, que l'assemblée nationale n'avoit pas plus délibéré ni discuté que celui du 12 octobre; et automate impassible, comme un factionnaire qui a reçu la consigne, ne connoissant point les localités, ne prenant aucun intérêt à la prospérité ou à la conservation d'une section de l'empire où le choix d'un ministre l'avoit jeté pour y tyranniser le peuple, pendant deux ou trois ans, a-t-il ignoré ou feint d'ignorer les terribles inconvéniens de l'article VI du décret, et du IV des instructions? non, il les a sentis; il écrivoit lui-même à M. Du Bourg, marguiller de la ville de Saint-Marc.

« A l'égard de l'interprétation que l'on donne » à l'article IV des instructions qui accom- » pagnent le décret du 8 mars, elle est sans

» fondement ; et si les gens de couleur se pré-
» sentoient à l'assemblée de paroisse, vous êtes
» en droit de ne les y pas recevoir.

» Je vous prie, monsieur, de communiquer
» cette lettre à M. Martineau, marguiller de
» la paroisse des Vérettes ».

S'il a dérogé lui-même aux instructions nationales, *par rapport aux convenances locales et particulières*, de quel droit a-t-il pu en demander l'exécution formelle le sabre à la main? il avoit donc d'autres motifs pour proclamer la dissolution de l'assemblée générale, puisqu'il étoit de l'avis des Colons sur l'état des personnes.

Ce gouverneur sera dans un grand embarras. Il annonce, dites-vous, l'intention de faire exécuter les décrets de l'assemblée nationale dans toute leur exactitude. Il est bien qu'il veuille avoir cette intention. Mais si au desir du décret du 12 octobre, il fait *exécuter ponctuellement* les instructions du 28 mars, il contredira formellement *la ferme volonté* de l'assemblée nationale, *d'établir comme article constitutionnel dans l'organisation de la Colonie, qu'aucunes loix sur l'état des personnes ne seront décrétées que sur la demande précise et formelle des assembées coloniales.* Puisque ces instructions du 28 mars portent que *toutes personnes âgées de 25 ans accomplis, propriétaires d'immeubles, ou, à défaut d'une telle propriété, domiciliées depuis deux ans, seront*, etc.

Aucunes considérations et même la discussion la plus étendue sur l'état des personnes à Saint-Domingue, ne devoit empêcher M. Barnave de solliciter de l'assemblée nationale la discussion du décret du 12 octobre.

Vous étiez sans doute assuré des dispositions de la majorité de l'assemblée nationale, lorsque vous lui faites dire qu'elle ne prononcera jamais sur l'état des personnes dans les Colonies, que sur la demande formelle et précise de leurs assemblées coloniales. Si au contraire vous n'en étiez pas assuré, vous lui avez fait cependant prononcer implicitement, contre la déclaration des droits de l'homme, qu'il y auroit des esclaves dans une portion de l'empire. Il falloit convaincre les représentans de la nation, que les terres entre les Tropiques ne peuvent être cultivées utilement que par les bras des esclaves, et ne peuvent produire que par eux leurs riches denrées devenues nécessaires : que dans un climat qui n'exige d'autres soins que celui de pourvoir à la subsistance, où le travail d'un jour peut nourrir un homme un mois, jamais il ne consentira à faire le métier de manœuvre. Que les affranchis, classe intermédiaire entre les esclaves et leurs maîtres, sont nécessaires pour rendre plus long à parcourir l'espace qui les sépare. Voilà de ces localités sur lesquelles il falloit nous entendre, et auxquelles les combinaisons de la philosophie s'appliquent si difficilement. Qui pouvoit mieux que nous discuter ce point important ? et n'étoit-ce pas de cette discussion que devoient saillir les lumières qui auroient déterminé l'assemblée nationale. Elle n'eût point alors par un procédé ambigu et équivoque que vous lui avez suscité, elle n'eût point jeté le trouble et l'inquiétude dans l'esprit des Colons par une contradiction manifeste entre le décret du 12 octobre, et ceux des 8 et 28 mars.

Sur les autres dispositions du décret, ayant été notre accusateur, notre dénonciateur, n'eussiez-vous même été que le rapporteur le plus scrupuleux, pouviez-vous, comme vous l'avez fait; dicter notre jugement à une assemblée fatiguée de deux discours de plusieurs heures, et sur une matière sur laquelle elle est si peu exercée ?

Il est résulté de ce défaut de discussion que l'assemblée nationale ne s'étant pas remis sous les yeux son décret du 8 mars, et ses instructions du 28 du même mois, se confiant absolument en M. Barnave, a rendu un décret qui les contredit, et en exige néanmoins l'exécution formelle.

N'avez-vous pas apperçu une incompatibilité manifeste entre ces deux dispositions des décrets du 8 mars et 12 octobre ? On lit dans ce dernier, *que l'assemblée nationale a la ferme volonté d'établir* COMME ARTICLE CONSTITUTIONNEL, *dans l'organisation des colonies, qu'aucunes loix sur l'état des personnes ne seront décrétées que sur la demande formelle et précise des assemblées coloniales.* Ce même décret porte *qu'il est pressant de réaliser ces dispositions pour la colonie de Saint-Domingue, en y assurant l'exécution des décrets des 8 et 28 mars*. Ce même décret porte *que l'assemblée coloniale sera tenue de s'y conformer ponctuellement;* et cependant ce décret du 28 mars ne fait aucunes distinctions de personnes, et porte precisément et formellement, article IV: *Toutes personnes âgées de 25 ans accomplis, et propriétaires d'immeubles, ou, à défaut d'une telle propriété, domiciliées depuis deux ans dans la paroisse, seront*, etc.

Incertitude et matières à cabales; voilà ce que cette ambiguité va occasionner à Saint-Domingue. Quel sera donc le terme des troubles? La politique seule peut le calculer.

M. Barnave a induit l'assemblée nationale en erreur.

Vous faites dire à l'assemblée nationale *qu'elle a annoncé d'avance la ferme volonté d'établir comme article constitutionnel, dans l'organisation des colonies, qu'aucunes loix sur l'état des personnes ne seront décrétées que sur la demande précise et formelle des assemblées coloniales.*

L'assemblée nationale ne l'a jamais dit; nous cherchons envain dans quel décret, dans quel acte constitutif elle a *annoncé cette ferme volonté*; mais il est bien certain que les décrets des 8 et 28 mars stipulent absolument le contraire, sur-tout l'article IV des instructions.

Ce décret rédigé par M. Barnave porte atteinte aux principes de la constitution.

N'est-ce pas porter atteinte à la constitution, que de nous ôter un caractère dont la confiance de nos constituans nous avoit revêtus, que nous ne pouvions perdre que par leurs suffrages libres, comme nous ne le tenions que de leur choix? Si nos actes étoient des erreurs, même des crimes, après discussion, ils devoient être déclarés nuls; mais est-il une autorité légitime qui puisse priver Saint-Domingue de ses représentans, au moment sur-tout où l'on veut former une nouvelle assemblée, et discuter ses intérêts les plus importans?

Ce décret porte atteinte à la liberté individuelle de citoyens françois.

C'est sans doute une situation nouvelle et difficile à définir, que celle des membres de l'assemblée générale; ils sont retenus à la suite de l'assemblée nationale. Peu d'entr'eux ont conçu à quoi les asservissent les dispositions de ce décret, à quoi ils sont destinés; mais il est certain, quoiqu'ils aient considéré avec enthousiasme les débris de la Bastille, qu'ils sont retenus prisonniers, et qu'ils ne savent quand on les jugera. Cependant, soit qu'ils aient exercé un pouvoir qui, aux termes des instructions nationales, appartient au peuple, n'offrant nullement une magistrature ou un pouvoir institué, mais l'image et la représentation de ce peuple même; soit, aux termes de votre rapport, qu'ils soient devenus au contraire une corporation politique, qui ne fait pas partie de la constitution françoise, enfin une commission du pouvoir constituant; il est temps cependant de statuer sur le sort de quatre-vingt-cinq planteurs de Saint-Domingue tenus éloignés de leurs propriétés.

On ne sauroit se dispenser de faire ici une observation, c'est que ce corps représentatif, que vous avez converti en une commission du pouvoir constituant, n'a pas été choisi par le pouvoir constituant, mais par le vœu libre et bien légalement manifesté du peuple françois de de Saint-Domingue.

Ce décret porte atteinte à nos propriétés.

Ceux qui connoissent nos localités, nos biens, l'assiduité vigilante qu'exige leur exploitation, sauront seuls apprécier le tort que nous porte l'éloignement où nous en sommes retenus. D'ailleurs les dépenses que nous nécessite cet éloignement, sont étrangères à l'utilité de nos familles, dont la prospérité est altérée par notre absence.

M. Barnave ne connoît point Saint-Domingue, ses localités, son administration, ses rapports commerciaux intérieurs, ceux avec la mère-patrie, et par conséquent les loix qui doivent être appropriées à Saint-Domingue.

En parlant de notre décret pour les subsistances, et que vous qualifiez d'*ouverture des ports aux étrangers*, vous dites : » Trois choses sont à » remarquer en ce décret ; 1°. l'ouverture de » tous les ports rend par elle-même inutiles et » illusoires toutes les précautions contre la » fraude, et assure une introduction illimitée » de marchandises de toute espèce. »

» 2°. Confier l'inspection sur les importations » et exportations, et toutes les précautions contre la fraude, aux municipalités, *c'est-à-dire,* » *à des habitans du lieu qui ont l'intérêt le plus* » *direct à ce que les loix sur cet objet ne soient pas* » *exécutées, et dont quelques-uns mêmes se sont* » *peut-être fait depuis long-temps une habitude et* » *un art de les éluder*; c'est s'assurer d'avance » que toute la sévérité des mesures *qu'on a l'air* » *de prendre*, sera presque entièrement sans » effet. »

3°. « La faculté de payer, en denrées colo» niales, les subsistances qui seront introduites » par les étrangers, ouvre un libre cours aux » exportations ».

Dans les trois divisions de cette proposition, il semble que l'on pourroit appercevoir,

1°. Ignorance absolue des rapports commerciaux de Saint-Domingue avec la mère-patrie.

2°. Ignorance absolue des rapports commerciaux intérieurs et des localités.

3°. Ignorance absolue de l'ancienne administration.

4°. Injure aux municipalités de Saint-Domingue.

5°. Injure à tout le peuple François de cette isle, en les personnes de ses représentans.

Ignorance absolue des rapports commerciaux de Saint-Domingue avec la mère-patrie.

Parce que les Américains, déjà autorisés par un traité et par un édit du roi, porteront à Saint-Domingue les planches, aissantes, mérains, riz, poissons salés, animaux vivans que la

France ne peut lui fournir ; et, dans les cas de nécessité urgente, les moyens de subsistance ; il en résultera qu'ils y porteront aussi les toiles de Flandres et de Silésie ; les instrumens aratoires, les clincailleries, les draps, les toiles, les chapeaux, les objets de luxe, les ouvrages en cuir d'Angleterre ; les vins de Portugal et de Catalogne ; les soiries de Gênes ; les huiles et savons d'Italie ; enfin, qu'ils obtiendront *une introduction illimitée de marchandises de toute espèce.*

Obligés de vendre toutes ces marchandises de la seconde main, comment entreront-ils en concurrence avec nos spéculateurs nationaux, qui auront encore l'avantage de n'avoir point à surmonter les inconvéniens de la nouveauté, pour déboucher des marchandises peu connues des consommateurs ? Comment entreront-ils en concurrence, après avoir nécessairement surchargé le prix de ces marchandises des frais de commission, droits, assurances, frêt, débarquement, magasinage, réembarquement, nouveau frêt, nouvelles assurances, etc. ? Avec quoi paieront-ils ces marchandises aux divers marchés de l'Europe ; quels moyens locaux ont-ils pour cela ? A peine peuvent-ils s'en procurer pour les besoins de leur consommation. Avec vos denrées

denrées coloniales, dira-t-on : mais ces denrées coloniales, ils ne les auront qu'à leur retour ; il faudra donc que les marchés d'Europe leur fassent des avances. Quel sera le garant du remboursement d'une marchandise introduite en contrebande, et sujette à confiscation ? Une assurance dont la prime sera fort onéreuse : ils renchériront donc leurs marchandises du prix de cette prime et de l'intérêt de l'argent, et encore à crédit n'obtiendront-ils que les qualités inférieures ; ils rembourseront ces marchandises, dont le prix sera ainsi surchargé, avec nos denrées coloniales, dont le produit sera diminué par les frais de deux escales ; celle de Saint-Domingue chez eux, celle de chez eux en Europe.

Croyez que, si cette voie pouvoit, sous aucun rapport, leur être ouverte, ils porteroient dès-à-présent ces marchandises aux ports *privilégiés* du Cap, du Port-au-Prince et des Cayes, où la fraude est si facile, où une foule d'agens du fisc ne s'enrichissent qu'en facilitant la contrebande, et où la loi fiscale, en leur fixant des appointemens au-dessous des besoins de la vie, dans un pays où tout le monde va pour s'enrichir, leur a dit si impérieusement :

prévariqués, si vous voulez subsister ; à plus forte raison si vous voulez faire fortune.

Quant aux autres marchandises comprises dans cet édit du 30 août 1784, dont l'introduction étoit autorisée de nouveau par ce décret de l'assemblée générale ; on sait que le commerce de France ne peut les fournir. L'assemblée générale, qui surveilloit toutes les parties qui tendoient à améliorer les cultures et le sort des planteurs éloignés des ports *privilégiés*, parce qu'ils ne sont certainement pas moins précieux à la mère-patrie que les autres, avoit reconnu que le prix modique de ces marchandises ne pouvoit pas supporter les frais énormes, nécessaires en ce pays, de débarquement et réembarquement aux ports *privilégiés*, de commission d'achat, frêt, débarquement, transport en magasin et magasinage aux ports non privilégiés. On lui avoit prouvé qu'en novembre 1789, on avoit payé comptant, à Jérémie, les aissantes de Pishpin 82 l. 10 s. le millier, les planches du même bois 7 sous 6 den. le pied, la morue 50 liv. le quintal, le riz 55 liv., etc. Lorsque les prix de ces marchandises au Cap étoient, à cette époque, celui des aissantes 28 liv. 17 sous 6 den., les planches 2 sous 7 den. six dixièmes, la morue 22 liv. 10 sous le quintal, le riz 24 liv. 15 sous, c'est-à-dire, cent vingt à cent trente pour cent de différence.

Ayant examiné tous les mystères d'iniquité que couvre toujours le prétexte si spécieux et si rebattu du bien public, l'assemblée générale avoit aussi reconnu que les mesures prises pour empêcher la contrebande, sont les plus sûres pour en garantir l'impunité et le succès, pour enrichir les administrateurs spéculateurs, et enfin tous les agens du fisc.

Ignorance absolue des localités et des rapports commerciaux intérieurs.

Les vents régnans avec lesquels le navigateur entre tous les jours dans les ports, et les vents de terre avec lesquels il en sort toutes les nuits et tous les matins, sont le pivot qui dirige toutes les opérations de commerce, de toutes les importations et exportations; il ne s'en fait aucunes par terre. C'est donc aux villes et bourgs maritimes, tous peuplés de négocians et marchands seulement, qu'abordent toutes les marchandises.

Ce sont donc aussi les municipalités des villes et bourgs, composées pour la plupart de négocians et marchands, qui inspecteront la fraude; et si quelqu'un a intérêt à l'empêcher, ce sont sans doute ceux qui ne sont en général que les facteurs du commerce national de France. Ce ne seront donc pas les *habitans* du lieu; car nous qui connoissons bien nos localités et notre langage, nous entendons par *habitant*, planteur; et, comme on vous l'a dit, leurs spéculations ne se portent point vers le commerce; l'agriculture leur ouvre un champ assez vaste.

Ignorance absolue de l'ancienne administration.

On va vous répéter ce qui vous a déjà été dit : ou vous ne croyez point à la révolution, ou vous devez croire à l'esprit public qui animera les municipalités de Saint-Domingue, aussi bien composées certainement qu'il en existe; et vous croyez qu'il seroit facile de surprendre la religion des officiers municipaux éclairée par leur intérêt; et vous croyez *qu'ils auront plus d'intérêt à ce que les loix sur cet objet ne soient pas exécutées*, que n'en avoient ou n'en auront ces agens du fisc, auxquels pour quelques piastres l'on fait faire un faux, ou que ces officiers des états-majors, qui, sans moyens et sans industrie, veulent néanmoins faire fortune. Vous serez peut-être étonné de voir les états-majors placés là. Il faudroit vous faire une longue énumération des fonctions arbitraires qu'ils se sont attribuées; mais toujours est-il certain que c'est l'épée qui, dans les cas de contravention aux loix prohibitives, commence par se saisir du délinquant, et presque toujours les officiers de l'amirauté ne font leurs poursuites que sur sa dénonciation. Cela tient à des localités qu'on vous expliquera incessamment, dont la source est en ce que le gouverneur est en même-tems chef de la justice et chef militaire; monstruosité qui entraîne cette foule de vexations que vous ne connoissez point, qui ne peuvent être connues que de nous. Si vous avez trouvé que nous ayons donné à nos officiers municipaux des fonctions administratives, en voilà la raison. Il est donc certain que pour juger sainement de nos motifs, il falloit connoître nos localités. Il est fort important de se précautionner contre la séduction de la première impression, sur-tout lorsqu'elle est donnée par des personnes qui peuvent être guidées par un intérêt personnel, et qu'il est question de choses qui se sont passées loin de notre âge et de nos yeux. Vous auriez appris, en nous entendant, que *payer les subsistances en denrées coloniales*, est un acte de justice, que l'inhumanité la plus dure peut seule condamner. Vous conviendrez qu'il faut être prohibiteur atroce, pour trouver mauvais, pour vouloir empêcher que le cultivateur paie ses subsistances avec les productions de sa terre qui ne le nourrissent pas. D'ailleurs ce n'étoit pas une innovation. Toutes les ordonnances des gouverneurs et intendans, lorsqu'ils étoient législateurs, autorisoient à payer les farines avec les denrées coloniales. Il eût été dérisoire, même absurde, d'en user autrement, puisque les melasses et les taffias que les Américains n'emportent pas, parce qu'ils sont trop chers, ne font pas la balance des marchandises qu'ils nous fournissent, et qu'ils y suppléent par la contrebande si facile sous le régime présent, ou par l'exportation de notre numéraire, que le commerce national rend quelquefois si rare.

Il n'est pas inutile de remarquer que vous voulez nous asservir à cette prohibition sévère, au moment même où l'assemblée nationale accueille un projet sur la culture en France du cotonier, projet, s'il réussit, qui va nous enlever une de nos plus puissantes branches de commerce, et la seule ressource qui nous restât pour nos terres tombées en détérioration, et sur-tout pour nos montagnes arides et pierreuses exposées au sud. Les prohibiteurs crieront-ils, si nous sommes obligés d'y cultiver la vigne ?

Injure aux municipalités de Saint-Domingue ; injure à tout le peuple François de cette Colonie en les personnes de ses représentans.

Il faudroit n'être pas partie dans cette affaire, pour pouvoir vous faire ici des objections qui ne fussent pas susceptibles d'être accusées de passion. Ce qui précède vous dit à cet égard tout ce qu'il convient de vous dire. Quel seroit d'ailleurs l'embarras, lorsqu'on est pénétré de ce que l'on doit au caractère dont vous êtes revêtu, et du plus profond respect pour le corps auguste auquel vous apartenez? Le peuple François de la plus importante partie de l'empire jugera lui-même; il convient donc de se borner à remettre sous ses yeux vos propres expressions, il en pésera le sens et les motifs.

Confier l'inspection sur les importations et exportations, et toutes les précautions contre la fraude, aux municipalités, c'est-à-dire, A DES HABITANS DU LIEU QUI ONT L'INTÉRÊT LE PLUS DIRECT A CE QUE LES LOIX SUR CET OBJET NE SOIENT PAS EXÉCUTÉES, ET DONT QUELQUES-UNS MÊME SE SONT PEUT-ÊTRE FAIT DEPUIS LONG-TEMS UNE HABITUDE ET UN ART DE LES ÉLUDER; c'est assurer d'avance que toute la sévérité des mesures QUE L'ON A L'AIR DE PRENDRE, sera presqu'entièrement sans effet.

N'éprouve-t-on pas le même embarras pour qualifier l'objection par laquelle vous entendez nous convaincre de mauvaise foi, lorsque vous dites :

« Ce décret (celui concernant les farines) » se fonde sur la rareté des subsistances qui » menaçoit, dit-on, la colonie de périr par » la famine. Cette assertion est appuyée d'une

» lettre de M. de Peinier, du courant du mois » de juin ; mais il résulte *des papiers publics de » la colonie*, que depuis cette époque jusqu'à » celle du décret, le prix du pain avoit con- » sidérablement diminué. »

On vous a dit, en une conférance au comité colonial, que *ces papiers publics* sont imprimés dans les villes *privilégiées* du Cap et du Port-au-Prince ; que la comparaison du prix des subsistances dans ces villes aux autres cantons, n'est autre chose que la mesure du bénéfice exorbitant des accapareurs, qui va quelquefois à cent pour cent. On a pris à témoin de cette assertion M. Reinaud, votre collègue, ancien gouverneur de Saint-Domingue, et il ne l'a pas contredit. Mais lorsqu'accusés nous vous objectons une lettre officielle du gouverneur, vous rapporteur, vous entendez détruire cette piece authentique par une gazette !.... et par une gazette à gages !

Dans votre rapport du 29 novembre, concernant la Martinique, vous nous avez reproché de manquer de lumières, pour donner le plan de la constitution qui nous convient. Croyez cependant que vous ne proposerez jamais de bonnes lois pour Saint-Domingue, que sur les avis des représentans du peuple de cette section de l'empire, sans les nôtres, oui sans les nôtres, monsieur, sans l'avis de ceux qui ont été choisis pour manifester le vœu des Colons, et indiquer celles qui leur conviennent. Que faut-il pour faire ces loix? du bon sens? la connoissance des localités? celle du climat et de son influence sur les productions du sol et sur les mœurs publiques? celle des relations sociales, des richesses et de leur influence sur les mœurs privées? qui donne cette connoissance, n'est-ce pas l'expérience? Nous rendons, avec toute la France, justice à vos talens, à votre esprit, à vos lumières; mais l'esprit ne supplée point à l'expérience; et toutes les combinaisons savantes qui se meuvent sur le pivot de la philosophie et de la politique, sont bien difficiles à mettre en pratique, si l'on ne consulte ceux qui ont vu et observé.

Vous avez beaucoup d'esprit et de lumières; Rousseau de Genève, avoit, dit-on, beaucoup plus que de l'esprit; et la nation par ses représentans vient de témoigner d'une manière solemnelle son respect et sa réconnoissance pour la mémoire de ce grand homme; vous y avez certainement contribué; vous avez reconnu l'injuste persécution qu'il a éprouvé, et qui ajoutera toujours à sa célébrité. Lorsqu'il fut invité à appliquer quelques-uns des principes de son contrat social aux loix de la Pologne, il répondit :

« Pour former ce plan, il faut joindre aux » connoissances générales que ce travail exige, » toutes celles du local et des détails particu» liers, impossibles à donner par écrit, néan» moins nécessaires à savoir, pour approprier » une institution au peuple auquel on la des» tine. Si l'on ne connoît à fond la nation pour » laquelle on travaille, l'ouvrage qu'on fera » pour elle, quelqu'excellent qu'il puisse être, » pêchera toujours par l'application. . . . Un » étranger ne peut guère donner que des vues » générales pour éclairer, non pour guider » l'instituteur. Dans toute la vigueur de ma » tête, je n'aurois pu saisir l'ensemble de ces » grands rapports. Aujourd'hui qu'il me reste » à peine la faculté de lier mes idées, etc.

Si on avoit dit à Solon, qui fit des loix pour Athènes, et qui n'en fit pas pour des nations inconnues, d'en faire aussi pour des peuples de la Zone Torride : guidé par la saine raison, assez grand même pour douter de sa capacité, il semble que Solon eût répondu, je voyagerai pendant vingt ans entre les Tropiques, j'observerai, je comparerai, je consulterai les hommes attachés au sol, et surtout ces hommes privés, et qui n'ont point pour de certaines classes de citoyens, de ces prédilections chimériques qu'on appelle esprit de corps. Je me garderai bien de consulter jamais ceux auxquels une profession despotique a ordonné l'oppression du peuple ; je mûrirai mes idées par la méditation ; je réclamerai avec instance la discussion la plus étendue de la part du tribunal qui prononcera la loi ; et avec toutes ces sages mesures, peut-être me tromperai-je encore ; car il est certain que la loi ne peut être bien délibérée que par celui qu'elle soumet.

Socrate, celui-là est le sage par excellence ; il disoit au jeune et présomptueux Alcibiades, en lui parlant de la chose publique : « ce ne » sont pas ceux qui savent qui font le mal, » parce qu'ils savent ; ce ne sont pas ceux qui » ne savent pas, parce qu'ils ne s'en mêlent » pas ; ce sont ceux qui ne savent pas, mais » qui croient savoir, et qui agissent » ; quoique vous nous ayez dit le 29 novembre, que nous n'avions pas assez de lumières pour travailler à notre constitution ; à qui semble-t-il que l'on pourroit appliquer ce mot de Socrate ? c'est donc une étrange et bien imprudente assertion que d'avancer que les Colons n'ont pas assez de lumières sur les Colonies, et sur-tout ceux choisis entre tous pour indiquer la loi qui leur convient. Dites-nous donc qui pourroit en avoir plus qu'eux! suivant l'intention de l'assemblée nationale, il est nécessaire qu'un vœu de constitution parte de Saint-Domingue. Le décret du 12 octobre appuyé des forces navales et militaires, de tous les bras armés du pouvoir exécutif, obtiendra-t-il la formation d'une nouvelle assemblée? eh bien! qu'en sera-t-il? l'opinion n'est pas un corps matériel que le canon détruise; elle est manifestée cette opinion, elle réclame les bases constitutionnelles du 28 mai; c'est la grande majorité qui a parlé: ce ne sera donc que la crainte ou la minorité qui manifesteront une opinion contraire; et l'assemblée nationale statuera-t-elle la loi sur l'opinion de la minorité, ou sur celle suscitée par la crainte? où seroit donc alors la liberté constitutionnelle françoise pour Saint-Domingue?

Ces bases constitutionnelles sont le vœu de la presque totalité des Colons; tout ce qui modifiera, atténuera ce vœu de constitution, sera contraire à l'opinion de la majorité, et par conséquent à l'intention de l'assemblée nationale, qui a voulu avoir le vœu des Colonies sur la constitution, la législation, l'administration convenables à leurs localités.

Imprimé aux frais de l'assemblée.

T. MILLET.

PROJET
DE
CONSTITUTION
POUR
LA PARTIE FRANÇOISE
DE SAINT-DOMINGUE (1).

L'ASSEMBLÉE générale avoit bien senti la nécessité d'avoir un contre-poids pour ses actes législatifs provisoires, et elle a été embarrassée sur les moyens de l'organiser; parce que le *veto* du gouverneur nous a toujours paru une voie d'arbitraire, un moyen d'oppression, et par conséquent inconstitutionnel.

M. de Pons, mon collègue, et moi, avions eu à peu près les mêmes idées pour la for-

(1) Ce projet a été lu à l'assemblée générale le 14 Juin.

mation d'un conseil de sanction, tel que celui indiqué dans le projet de constitution que l'on va donner ; mais bien des inconvéniens se présentoient pour son organisation. Je résolus de jeter mon opinion dans le public. Toutes les imprimeries du Cap étoient aux ordres des corporations de cette ville, elles n'imprimoient que leurs diatribes, le méprisable journal de *Gattereau*, et autres folliculaires à gages dont les mensonges perfides ont malheureusement trop souvent guidé la plume des écrivains les plus patriotes ; tel que le rédacteur du Moniteur, notamment en sa feuille du 7 janvier. Il est si facile d'égarer ainsi l'opinion publique ; mais il est bien consolant pour les régénérateurs de l'empire, que la nation ne les juge pas sur l'avis du rédacteur *de l'ami du roi*, et du licencié de la maison et société royale de Navarre. Est-ce d'après de tels folliculaires que le rédacteur de la gazette nationale a imprimé que *la personne la mieux placée pour juger l'esprit général de la Colonie, marque, dans une lettre très-récente, que si l'assemblée nationale a annullé les travaux de l'assemblée coloniale, tous es partis se réuniront à cette dernière décision.* Cette personne *la mieux placée*, ne seroit-elle pas M. Peinier, ou M. *Blanchelaude*, envoyé

à

à Saint-Domingue par M. Laluzerne. Ce dernier savoit-il donc avant son départ quel seroit le décret du 12 octobre, qu'il présente comme le vœu des Colons, tandis que la presque totalité des paroisses a manifesté un vœu contraire; il est si insidieusement présenté ce vœu, dans cette même feuille du 7 janvier, que l'on croiroit que celui (1) qui a ordonné l'impression de cet article, a un intérêt particulier à ce que les représentans de Saint-Domingue soient livrés à l'animadversion publique.

Ils ressentent un sensible chagrin ces représentans de Saint-Domingue; c'est que sans pouvoir s'en prendre à leurs bons frères de Paris, dont ils ont été si bien accueillis, ils éprouvent une espèce de persécution secrète qui les fait, on ne sait pourquoi, éconduire de tous les lieux où ils s'assemblent.

Les imprimeries du Port-au-Prince, dévouées au gouverneur, refusoient aussi d'imprimer pour nous. Une seule presse que nous avions à Saint-Marc ne suffisoit pas à la moitié de nos travaux. Cependant je m'adressai au Port-au-

(1) Dans cette tournure cauteleuse et perfide contre les représentans de Saint-Domingue, de tant de détails qui leur sont naturellement et essentiellement si favorables, qui ne reconnoit le bout d'oreille.

Prince à l'imprimeur *Mozard*. Comme ce projet de conseil de sanction étoit propre à ramener la paix à Saint-Domingue, qui n'étoit troublée que par les prétentions du gouverneur et de ses agens, je ne pus jamais en obtenir l'impression. Je n'ai jamais pu même recouvrer mon manuscrit.

Ce projet de constitution est celui du 28 mai. Ce sont les mêmes principes, les mêmes bases, un peu plus développées.

ARTICLE PREMIER.

Tous les pouvoirs n'émanant essentiellement et ne pouvant émaner que de la réunion du peuple de toutes les parties d'un empire; le peuple de Saint-Domingue faisant partie du peuple françois, constitue la souveraineté de l'empire françois, concurremment avec les autres parties de l'empire.

II.

La partie françoise de Saint-Domingue est une portion constituante, intégrante et inaliénable de l'empire françois; elle n'est point une propriété de la France, ni de la couronne; elle ne peut être cédée à quelque puissance que ce soit, et sous quelque prétexte que ce puisse être.

III.

La loi étant l'expression de la volonté générale, nul ne peut y être soumis, s'il n'a été consulté, s'il n'a coopéré à sa formation, ou s'il ne l'a approuvé ou accepté.

IV.

La partie françoise de Saint-Domingue, à cause de ses différences locales et particulières, relativement sur-tout aux diverses classes d'individus qui l'habitent, ne peut être régie par toutes les loix de la France.

V.

Elle adhérera à tous les décrets de l'assemblée nationale, en tout ce qui ne détruit point les principes constitutionnels nécessaires à sa conservation et à son existence, principes qui seront ci-après déduits.

VI.

La partie françoise de Saint-Domingue aura donc pour son régime intérieur et domestique, une constitution distincte et particulière, inaltérable et inattaquable à jamais par aucune autorité extérieure.

VII.

La loi ne pouvant être délibérée et statuée que par ceux qu'elle doit soumettre, et le peuple françois du continent ne devant pas obéir aux loix nécessaires au régime intérieur de la partie françoise de Saint-Domingue, ces loix doivent être autorisées, mais ne peuvent être faites par les représentans des François du continent.

VIII.

L'assemblée nationale, comme souveraine en toutes les parties de l'empire, déléguera à cet effet à l'assemblée générale des représentans de la partie françoise de Saint-Domingue, la portion de faculté constitutive et législative qui lui est nécessaire pour statuer sur son régime intérieur.

IX.

Le pouvoir législatif ainsi constitué pour ce qui concerne le régime intérieur de la partie françoise de Saint-Domingue, résidera dans l'assemblée des représentans de cette section de l'empire, constituée en assemblée générale permanente de la partie françoise de Saint-Domingue.

X.

Nul acte de ce corps (législatif en ce qui concerne seulement le régime intérieur.) ne pourra être considéré comme loi définitive, s'il n'est fait par les représentans de la partie françoise de Saint-Domingue, librement et légalement élus, et s'il n'est sanctionné par le roi.

X I.

Chaque législature de l'assemblée générale sera de deux ans; et le renouvellement des membres de chaque législature sera fait en totalité.

X I I.

Le pouvoir exécutif suprême résidant exclusivement dans la main du roi, nul autre que le roi ne pourra sanctionner définitivement un acte du corps législatif de la partie françoise de Saint-Domingue.

X I I I.

Le roi peut refuser son consentement aux actes du corps législatif de la partie françoise de Saint-Domingue; mais ce refus ne sera que suspensif.

X I V.

Le refus suspensif du roi cessera à la seconde des législatures qui suivront celle qui aura proposé la loi.

X V.

Le gouverneur général de la partie françoise de Saint-Domingue sera l'agent du monarque, quant au pouvoir exécutif, et non son représentant.

X V I.

Il sera organisé en la meilleure forme possible, pour ce qui concerne le régime intérieur, un conseil de sanction composé d'un nombre égal de cultivateurs coloniaux et de négocians, représentant les villes de commerce maritimes et de manufactures de France, dont le gouverneur général sera le président, avec voix délibérative.

XVII.

Toute loi provisoire, concernant le régime intérieur, décrétée par l'assemblée générale, sera présentée au conseil de sanction, qui pourra refuser son consentement. Ce refus sera motivé et en suspendra l'exécution, jusqu'à ce que le consentement ou le refus du monarque, à la sanction duquel elle sera aussi envoyée, soient légalement manifestés à l'assemblée générale.

XVIII.

Tout acte législatif fait par l'assemblée générale, dans les cas de nécessité urgente, lesquels cas seront prévus par la loi nationale, et statués d'une manière invariable, et sur-tout pour l'importation momentanée des subsistances qui ne seront point comprises dans la classe des rapports commerciaux avec la France, sera notifié au conseil de sanction, qui, dans les dix jours de la notification, le fera promulguer, et tiendra la main à son exécution, ou remettra à l'assemblée générale ses observations sur le contenu audit décret.

XIX.

L'urgence qui déterminera l'exécution provisoire, sera décidée par un décret séparé, qui ne pourra être rendu qu'à la majorité des deux tiers de voix prises par l'appel nominal.

XX.

Si le conseil de sanction remet des observations, elles seront aussi-tôt inscrites sur le registre de l'assemblée générale. Il sera procédé à la revision du décret d'après ces observations. Le décret et les observations seront livrés à la discussion, dans trois séances différentes; les voix seront données par oui ou par non, pour maintenir ou annuller le décret. Le procès-verbal de la délibération sera signé par tous les membres présens, et désignera la quantité de voix qui auront été pour l'une ou pour l'autre opinion. Si les deux tiers des voix maintiennent le décret, il sera promulgué par le gouverneur général, et exécuté sur le champ.

XXI.

La partie françoise de Saint-Domingue ne pouvant entretenir auprès de l'assemblée nationale un nombre suffisant de députés, pour discuter avec égalité ses rapports commerciaux avec la France, et la loi devant être le résultat du consentement de tous ceux pour qui elle est faite, les villes de commerce du continent proposeront leurs plans concernant les rapports commerciaux avec la partie françoise de Saint-Domingue; et les décrets ne seront rendus à cet égard par l'assemblée nationale, que lorsque ces plans auront été acceptés et consentis par l'assemblée générale de la partie françoise de Saint-Domingue. Au cas de refus elle fera ses observations; et jusqu'à décision les choses resteront en leur premier état.

X X I I.

Lorsque ces plans auront éprouvé des observations de la part de l'assemblée générale de la partie françoise de Saint-Domingue, l'assemblée nationale statuera définitivement sur les plans et les observations, mais à la législature suivante; et les décrets qui interviendront ensuite du nouvel examen de cette seconde législature, étant sanctionnés par le roi, seront définitifs.

X X I I I.

La création, la suppression et la modification des contributions à percevoir dans la partie françoise de Saint-Domingue appartiendront exclusivement à son assemblée générale.

X X I V.

L'assemblée générale de la partie françoise

de Saint-Domingue aura pareillement seule le droit de régler l'assiette et la répartition des contributions par elle établies.

XXV.

Le consentement du peuple, dans les personnes de ses représentans, pouvant seul légitimer les contributions de quelque nature qu'elles soient, les actes de l'assemblée générale de la partie françoise de Saint-Domingue, concernant la création, la suppression, la modification, l'assiette et la répartition des contributions à percevoir dans l'île seront seulement sanctionnés par le roi, comme un hommage dû au chef de la constitution.

XXVI.

Nul ordre du roi ne sera exécuté dans la partie françoise de Saint-Domingue, s'il n'est clairement manifesté à l'assemblée générale, qu'il est revêtu des formes prescrites par l'assemblée nationale, pour l'authenticité des ordres du pouvoir exécutif, et s'il n'est contre-signé par le ministre ou secrétaire d'état du département que compétera le sujet de l'ordre transmis.

XXVII.

Toute dépêche, purement ministérielle, ne sera jamais admise, ni son contenu exécuté, sous quelque prétexte que ce soit.

XXVIII.

Les loix concernant le régime intérieur de la partie françoise de Saint-Domingue, pouvant être exécutées provisoirement (1), et devant l'être nécessairement dans les cas de nécessité urgente, lorsque cette urgence aura été constatée, seront qualifiées de décrets, parce qu'elles seront alors l'acte d'une assemblée législative, constituée telle par l'assemblée nationale.

XXIX.

Les observations de l'assemblée générale de Saint-Domingue, concernant les rapports commerciaux avec la France, seront qualifiées de pétitions, lorsqu'elles seront adressées à l'assemblée nationale, qui, sur ce point, se conservera toute souveraineté.

XXX.

Le gouverneur-général, comme agent du pouvoir exécutif, sera responsable, envers la nation, de toutes les infractions qu'il pourroit commettre contre les loix de la constitution de Saint-Domingue, quelques soient les ordres qu'il auroit reçus; et l'assemblée nationale, représentant la nation françoise, unique souveraine en toutes ses parties, aura seule le droit de faire

(1) Expression des instructions nationales du 28 mars.

poursuivre cette responsabilité, sur les plaintes et les informations fournies par les représentans du peuple de Saint-Domingue.

XXXI.

Tous agens subalternes du pouvoir exécutif, et tous agens des pouvoirs administratif et judiciaire, coupables des mêmes infractions ; tous ceux qui solliciteront, expédieront ou feront exécuter des ordres arbitraires, seront punis par la loi à Saint-Domingue ; et tout citoyen, appelé ou saisi en vertu de la loi, obéira à l'instant ; s'il résiste, il est coupable.

XXXII.

Tous priviléges, entre les citoyens blancs, seront abolis sans retour, et demeureront confondus dans le droit commun.

XXXIII.

Après que l'assemblée nationale aura investi l'assemblée générale de la partie françoise de Saint-Domingue d'une portion de son pouvoir constituant et législatif, pour statuer sur son régime intérieur et domestique, tout ce qui concernera l'état des personnes sera délibéré, et définitivement statué par l'assemblée des représentans de Saint-Domingue, et sanctionné par le roi.

XXXIV.

Le pouvoir exécutif, à Saint-Domingue, ne fera aucune loi, même provisoire, mais seulement des proclamations conformes aux loix, pour en ordonner, rappeler et maintenir l'observation.

XXXV.

Le pouvoir exécutif, et le pouvoir administratif et judiciaire, ne pourront dans aucun cas être exercés à Saint-Domingue par l'assemblée des représentans du peuple.

XXXVI.

Les propriétés territoriales ne sont point une aliénation du domaine du roi, et ne pourront jamais être considérées comme telles.

XXXVII.

Les terres non concédées de la partie françoise de Saint-Domingue appartiendront à chacune des communes de Saint-Domingue, et leur distribution sera statuée par les loix concernant le régime intérieur et domestique.

XXXVIII.

L'assemblée générale de la partie françoise de Saint-Domingue, enverra à l'assemblée nationale tous ses décrets, concernant son régime intérieur et domestique, afin que celle-ci, comme souveraine en toutes les parties de l'empire, et mère-commune de tous les citoyens François, veille à la conservation des droits de la partie françoise de Saint-Domingue.

XXXIX.

L'assemblée générale présente le projet de constitution ci-dessus exprimé en trente-huit articles, à l'assemblée nationale, pour qu'elle examine, en sa sagesse, si elle ne contrarie point les rapports communs établis et à établir entre le peuple de la partie françoise de Saint-Domingue, et celui des autres parties de l'empire François, afin qu'après cet examen, comme représentant la nation Françoise, unique souveraine en toutes ses parties, elle l'agrée et l'accepte comme le vœu unanime des habitans de Saint-Domingue; et qu'après l'avoir décrété, elle la présente à la sanction du roi des François.

T. Millet.

www.ingramcontent.com/pod-product-compliance
Ingram Content Group UK Ltd.
Pitfield, Milton Keynes, MK11 3LW, UK
UKHW020247220726
13923UKWH00002B/846

9 782019 297060